山东卷 | 江溶 主编
邵永海、刘亚虎等编著

山水中国

段宝林 江溶 主编

山东卷

北京大学出版社
PEKING UNIVERSITY PRESS

图书在版编目(CIP)数据

山水中国·山东卷/段宝林,江溶主编.—北京:北京大学出版社,2005.1
ISBN 978-7-301-08254-6

Ⅰ.山… Ⅱ.①段…②江… Ⅲ.①风景区-简介-山东省②名胜古迹-简介-山东省 Ⅳ.K928.70

中国版本图书馆 CIP 数据核字(2004)第 140782 号

书　　名：山水中国·山东卷
著作责任者：段宝林　江溶　主编
责 任 编 辑：艾　英
标 准 书 号：ISBN 978-7-301-08254-6/G·1336
出 版 发 行：北京大学出版社
地　　址：北京市海淀区中关村北京大学校内　100871
网　　址：http://www.pup.cn　电子邮箱：zpup@pup.pku.edu.cn
电　　话：邮购部 62752015　发行部 62750672　出版部 62754962
　　　　　编辑部 62752022
排 　版 　者：北京奇文云海文化传播有限公司
印 　刷 　者：河北三河新世纪印务有限公司
经 　销 　者：新华书店
　　　　　650mm×980mm　16 开本　18 印张　266 千字
　　　　　2005 年 1 月第 1 版　2007 年 1 月第 2 次印刷
定　　价：30.00 元

未经许可,不得以任何方式复制或抄袭本书之部分或全部内容。
版权所有,侵权必究
举报电话:010-62752024　电子邮箱:fd@pup.pku.edu.cn

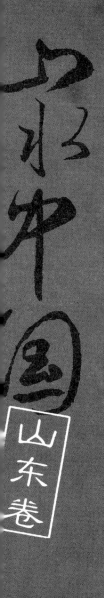

丛书主编	段宝林　江　溶
本卷主编	江　溶
本卷撰稿	邵永海

（曲阜之旅；泰山之旅）

刘亚虎、孙素英

（济南之旅；胶东之旅；鲁西之旅）

韩　舒

（济南之旅；潍坊；鲁西之旅；聊城）

徐明霞

（济南之旅；淄博、青州）

本卷主摄影　　罗哲文

《山水中国》总序

从中国山水到山水中国

□ 江溶

经过几载的劳作,《山水中国》与读者朋友见面了。

这套丛书有两个关键词:一是"山水故事",一是"山水情怀"。

山山水水背后"故事"的丰富多彩,是中国山水的主要特色。由于悠久的文明与历史积累,长期的农耕生活陶冶,使得我国山水背后的"故事"特别多,亦即是说,人文景观特别丰富,历史文化的积淀特别深厚。

山水故事与旅游质量的关系极大。古人曾把山水审美分为"应目、会心、畅神"三个精神层次。应目,即指山水的形象、色彩、音响等形式美给感官以愉悦。会心,是说欣赏者与山水达到情景交融、物我相亲。畅神,是山水审美的最高境界,即是游心物外、物我两忘,在生命的本原上求得与宇宙生命的融合与超越。怎样达到畅神的审美境界呢? 山水故事是重要的动力、媒介和思想库。当你面对奇山异水惊诧莫名或在残庙断碑前茫然寻思之时,一首古人的山水诗可能沟通你和景物间的"灵犀",一个历史掌故可能为你打开厚重的历史帷幕,让你尽享发现的喜悦,让你"千古兴亡,百年悲欢,一时登览"……

正是为了帮助读者朋友在旅游中获得更多的精神财富,本丛书熔景观审美、掌故传说、山水诗文和风土人情于一炉,送大家一本

"山水故事大全"。

山水情怀,是我国先民在长期农耕社会中形成的一种特殊的文化心态。

这种情怀,表现于同自然山水的关系上,就是登山则情满于山,观海则情溢于海的"林泉之心"。即如王羲之,"游名山,观沧海,叹曰'我卒当以乐死'";如辛弃疾,"我见青山多妩媚,料青山见我应如是"……

这种情怀,表现于日常生活,就是情趣化、艺术化。《世说新语》载:"王子猷尝暂寄人空宅住,便令种竹。或问:'暂住何烦尔?'王啸咏良久,直指竹曰:'何可一日无此君!'"郑板桥"十笏茅斋,一方天井,修竹数竿,石笋数尺",贫寒之中收获精神的富足:"风中雨中有声,日中月中有影,诗中酒中有情,闲中闷中有伴"。居室之外,亦无处不是情思:雪后寻梅,霜前访菊;望秋云,神飞扬,临秋风,思浩荡;"谁与同座,明月、清风、我"……

这种情怀,表现于对人生和社会的态度,就是"不以物喜,不以己悲"的礼乐心境。即如范仲淹,"先天下之忧而忧,后天下之乐而乐";如杜甫,"安得广厦千万间,大庇天下寒士俱欢颜"……

数千年来,这种情怀,不仅使许多社会个体获得特别丰富的人生,也使中国秉有一种令世界羡慕的特别美丽的文化精神。

这种情怀,这种文化精神,在人被工具理性异化为生物标本、精神世界被分割为七零八落的文明碎片的现代社会,无疑有着特别的意义。本丛书定名"山水中国",就是意在呼唤这种情怀和这种精神的回归。我们希望它能成为新世纪国人文化寻根途中一片心灵的绿洲,一泓精神的清泉。

最后,我想说的是,本丛书能以现在这样的面目问世,是许多同道和朋友共同努力的结果。特别是为保护文化遗产踏遍青山的罗哲文先生和顾棣、李玉祥、吴荫南、李翔德等著名摄影家提供了大量文物古迹和山水艺术图片,为本丛书增添了浓郁的古典诗意;河北教育出版社邓志平、张子康二位同道提供了诸多现代山水名作,更为本丛书倡导的山水情怀作了最好的现代诠释。在此,我要向他们,同时也向所有为本丛书付出辛劳和关爱的朋友们致以衷心的谢忱。

二〇〇四年冬
于北京大学寒暑斋

[目录]

《山水中国》总序
卷首语

第一编　曲阜之旅

|曲　阜|
5　[礼仪之乡]
　　故迹幽奇东蒙长
　　道化千年瞻鲁邦
　　城郭虽荒遗址存
　　天下衣冠仰圣门
15　[圣迹寻踪]
　　尼山诞圣美名扬
　　阙里街坊纪圣故
　　父母合葬梁公林
　　千年书院洙泗滨
　　钟鼓齐鸣祭圣灵
　　峄山地貌天下殊
28　[圣徒遗迹]
　　陋巷故址有颜庙
　　曾子纯孝感上苍
　　微山湖畔仲子庙
33　[学子撷英]
　　匡王村匡衡凿壁偷光
　　琅邪古地王羲之练笔
　　醴泉寺范仲淹划粥苦读

|孔　庙|
36　[万世师表　千古奉祀]
　　宫墙高万仞
　　庙门标圣道
　　古碑铭千秋
　　天工开物惊龙柱
　　至圣先师　百贤从祀
55　[朗朗明月　清辉无限]
　　先师手植桧
　　孔子生前宅
　　鲁壁金丝堂
　　天遣奎星下
　　柱有金石声

|孔　府|
63　[煌煌"天下第一家"]
　　孔门写尊荣
　　石碑载恩遇
　　厅堂显威严
　　内宅示豪奢
72　[西学东学　府连北斗]
　　衍圣公府享尽龙恩
　　"明七星"同天并老

|孔　林|
74　[宜与天地共长久]
　　教泽垂千古　泰山终未颓
　　子贡庐墓处　弟子泪不干
　　帝王勤驻跸　康熙行大礼
81　[圣门后世　亦有炎凉]
　　千古流芳孔尚任
　　孔宙墓群
　　才士荒冢
87　[孔林多奇事　风水关国运]

|孟　庙|
88　[继往开来怀亚圣]
　　古井奇传录
　　英灵化神珠

|孟子故宅|
92　[孟母教子扬美名]
　　孟母三迁
　　孟母林

|金雀山汉墓|
96　[出土简牍解悬案]

第二编　泰山之旅

|泰　山|
101　[五岳独尊]

　　　　山至泰山　天下无山
　　　　自然造化　万民崇拜
　　　　奇幻优美　泱泱大观
108 [山高水长]
　　　　群峰争傲水潺湲
　　　　盘路风云入翠微
　　　　万古此山先得日
　　　　扶桑旭日临岱顶
　　　　纡回鹤径入萧楼
　　　　环泰诸峰更添胜
121 [奇木异石]
　　　　松柏满青山
　　　　缘木述怪异
　　　　涉石为奇景
　　　　因石成佳趣
129 [泰山封禅]
　　　　泰山封禅纪盛世
　　　　秦皇留骂名
　　　　汉武夸功业
　　　　玄宗封岳神
　　　　真宗造天书
　　　　朝隆屡登临
137 [仙踪佛迹]
　　　　山灵神仙聚
　　　　香火鼎盛数元君
　　　　王母与吕祖
　　　　宝寺灵宫
146 [文人履痕]
　　　　孔子"登泰山而小天下"
　　　　李杜五岳寻仙不辞远
　　　　宋代多风流
　　　　似喜诗人来
　　　　"贪乐"有隐士
153 [书艺揽胜]
　　　　碑碣如林成大观
　　　　名刻巨制壮山河

　　　|大汶口遗址|
160 [新石器时代的辉泽]
　　　　大汶口文化
　　　　山东龙山文化

　　第三编　　济南之旅

　　　|济　南|
169 [泉城景色异他郡]

172 [七十二泉天下闻]
　　　　家家泉水　户户垂杨
　　　　趵突泉
　　　　珍珠泉
　　　　黑虎泉

　　　|大明湖|
177 [半城湖色　无限风韵]
　　　　荷艳柳垂悦心目
　　　　文人骚客共吟哦
　　　　大明湖畔名士多

　　　|千佛山|
184 [齐烟九点　舜禹留迹]

　　　|李清照纪念堂|
186 [梧桐细雨　词坛豪杰]

　　　|玉函山|
189 [青鸟栖居之所]

　　　|北马鞍山|
189 [齐晋大战华不注]

　　　|蒲松龄故居|
190 [《聊斋志异》的故乡]

　　　|淄　博|
195 [齐国故城子闻韶]
　　　　齐国故城：海内名都
　　　　韶院村：孔子闻韶
　　　　二王冢：桓公争霸　景公沾衣
　　　　三士冢：二桃杀三士
　　　　晏婴墓：三世名相
　　　　管仲墓：管鲍之交传千古
　　　　殉马坑：千乘之国不虚言

　　　|沂　山|
203 [表镇东方而萃秀]

　　　|潍　坊|
204 [风筝名园州县吏]
　　　　些小吾曹州县吏　一枝一叶总关情
　　　　莺飞蝶舞喜翩翩　春风送你上青天
　　　　十笏虽小气象大　水石之胜甲北国

2

|青　州|

214 [东方古州　海岱明珠]
　　　文物古迹　见证文明
　　　名人遗胜　不解之缘
　　　龙兴造像　东方神韵

第四编　胶东之旅

|青　岛|

223 [碧屿回澜栈桥灯]
　　　千载古即墨　百年雨带血
　　　海中多仙山　岛湾有回澜

|崂　山|

229 [海上仙山　道教胜地]
　　　巨鳌化崂山
　　　奇花异木太清宫
　　　依山临海白云洞
　　　崂山道士显异术

|烟　台|

236 [芝罘横卧烟海翠]

|蓬莱阁|

238 [人间仙境]
　　　海市蜃楼与海上仙山
　　　徐福寻仙
　　　八仙过海
247 [蓬莱水城与戚继光]

|长　岛|

250 [仙山琼阁]

|刘公岛|

252 [甲午浩气贯长虹]

|秦　桥|

256 [山神驱石　海神竖柱]

|即墨故城|

257 [田单巧布火牛阵]

第五编　鲁西之旅

|济　宁|

261 [谪仙醉眠处　铁塔伟丈夫]
　　　太白楼：一州之胜桃夭夭
　　　济宁铁塔：善恶忠奸有分晓

|聊　城|

265 [齐燕争战地　鲁西文化城]
　　　光岳楼：近鲁光岳
　　　海源阁：书香可掬
　　　山陕会馆：晋陕遗韵
　　　范筑先将军：精神不死

|马陵道|

270 [孙庞斗智马陵道]

|羽　山|

271 [羽山殛鲧留古迹]

|梁山泊|

272 [《水浒》胜迹今安在]
　　　梁山水泊
　　　黄泥岗
　　　景阳岗
　　　翠屏山
　　　祝家庄

[卷首语]

一个风和日丽的春日，孔子"登泰山而小天下"。泰山至今有"孔子登临处"、"孔子小天下处"。

由于这个并非偶然的历史机缘，齐鲁大地出现一个壮丽的文化景观：泰山和孔子互为象征，泰山是永远的孔子，孔子是永远的泰山。

有诗为证：

岱宗夫如何？齐鲁青未了。

造化钟神秀，阴阳割昏晓。

荡胸生层云，决眦入归鸟。

会当临绝顶，一览众山小。

诗圣杜甫这首《望岳》，难道不也是对孔子伟大学说和光辉人格的最好描绘吗？

值得自豪的是，孔子和泰山昨天属于齐鲁大地，属于中国；今天，则已经属于人类，属于世界。

亦有文件为证：

1987年12月泰山作为自然与文化双重遗产被列入世界遗产名录。世界遗产委员会如是评价："庄严神圣的泰山，两千年来一直是帝王朝拜的对象，其山中的人文杰作与自然景观完美和谐融合在一起。泰山一直是中国艺术家和学者的精神源泉，是古代中国文明和信仰的象征。"

1988年，75位诺贝尔奖获得者在巴黎宣言中指出："如果人类要在21世纪生存下去，必须从2500年前的孔夫子那里汲取智慧。"

第一编 曲阜之旅

| 曲 阜 |

[礼仪之乡]

　　在山东南部鲁西平原与鲁中平原的结合部上,有一个以礼仪之乡著称于世的地方,这就是曲阜。

　　曲阜背负东岳,南引凫峰,东连沂蒙群山,西俯平野千畴,泗水北枕,沂河南带。自远古时代起,这里便成为我国东方文化的中心;春秋末年这里又孕育出一代圣人孔子。从此,曲阜在中国文化史上占有了特殊的地位。它以深厚丰富的文化传统和泱泱壮观的名胜古迹独享盛誉,历两千年之久而不衰。

故迹幽奇东蒙长

　　据古史记载,我国远古时代最有影响的三皇五帝有四位在曲阜留下了活动的踪迹。

　　今曲阜城东8里处的寿丘相传是轩辕黄帝的诞生地,曲阜还为此更过名。史称宋代真宗皇帝崇奉道教,尊黄帝为祖先,于是在大中祥符五年(1012)敕改曲阜为仙源县,将县治从鲁国故城内徙往寿丘,并大兴土木,建起景灵宫供奉黄帝。景灵宫有一千三百二十

少昊陵

楹,"崇广壮丽罕匹"。《史记·五帝本纪》言:"黄帝居轩辕之丘,而娶于西陵之女,是为嫘祖。嫘祖为黄帝正妃,生二子,其后皆有天下。其一曰玄嚣,是为青阳。"青阳即少昊。少昊在位八十四载,享寿百岁而崩,葬于云阳。鲁故城东门外有云阳山,传为少昊葬地。而今曲阜城东寿丘脚下有少昊陵,主体部分为宋真宗、宋徽宗时修建,后代陆续重修过。这是中国惟一的一座塔形陵墓,号称中国的金字塔。塔体由一万一千多块方方正正、光润洁白的香烛石砌成,故又名"万石山"。整座陵墓阔28.5米,坡高15米,宝顶方11米。上有黄硫璃瓦庙堂,内供汉白玉石雕少昊像,为宋宣和时遗物。陵园内到处可见纪事碑碣石刻,门前有清乾隆元年(1736)重建的石坊。前行2里许便是宋代景灵宫旧址,有"万人愁"巨碑,上面无字,传说是北宋宣和年间所建,因金兵南犯,未及刻字,后人有诗云:"丰碑不书字,遗恨宣和年。"

关于少昊其人,有史书称他曾建都穷桑,故号为穷桑氏,以百鸟为官名。后迁都至曲阜,修太昊之法。因为以"金"标其政德,有"以金德王天下"之说,故又称"金天氏"。这些记载真确与否在史学界尚是一桩悬案,不过当地民间流行的一个美丽的传说倒与史书记载有些瓜葛。

6

传说在很古的时候，天河的源头有穷桑树。此树为树中之王，树头如伞，桑叶如扇，五千年开一次花，一万年结一次果；桑椹如紫玛瑙一般，吃一粒即可长生不老。玉皇大帝的小女儿皇娥常来此攀枝采桑，用来养蚕缫丝织锦。一日，皇娥在树下结识了金星，当时金星还是一个英俊少年。两人由恋而爱，一年后在穷桑树下结为夫妻，男耕女织，幸福美满，不久生下少昊。后来玉皇大帝得知此事，龙颜大怒，派出天兵将皇娥金星打入天牢，把少昊发落人间。少昊降凡于泗水岸边，被百姓推为首领。他带领大家开荒种地，植桑养蚕，很快使这一地区成为繁华锦绣之地，建起了城镇。少昊命之为穷桑邑，并以此为基础建少昊之国。再后来，国土扩张，少昊就将国都迁到了曲阜。

除黄帝和少昊之外，据说炎帝、神农氏都曾徙曲阜，舜帝也曾在寿丘制作什器，洒下过辛勤的汗水，大禹更是为治水奔波于兖州，在这一带留下了不朽的足迹。这些优美的传说给曲阜增添了神话的色彩，也展示了曲阜在华夏文明史上的显赫地位。唐朝著名诗人高适途经曲阜留诗道："前临少昊墟，始觉东蒙长。独立岂吾心，怀古激中肠。"

少昊陵石坊

道化千年瞻鲁邦

公元前11世纪,周武王大封功臣谋士,封周公旦于少昊之墟曲阜,是为鲁公。周公姬旦因留在京城辅佐其侄周成王,便让儿子伯禽就封于鲁。伯禽临行前,周公语重心长地告诫他"慎无以国骄人"。伯禽带了大批礼乐典籍前往鲁地,"变其俗,革其礼",为该地区的文化发展奠定了基础。据说伯禽亲行孝道,首任鲁君不久,便在国都中心建太庙祭祀周公。现在曲阜东北有周公庙,占地75亩,三进

周公庙

周公庙制礼作乐坊

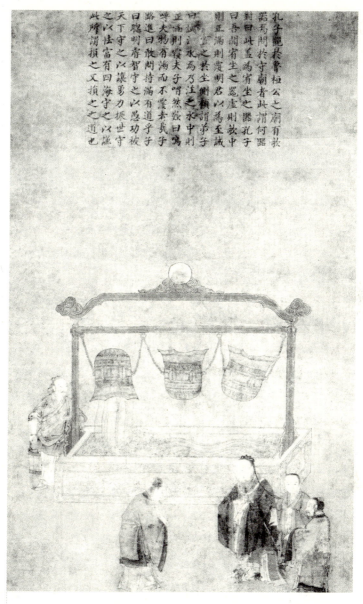

孔子观欹器图
佚名

庭院。主殿为元圣殿,由周公殁后被封为"元圣"而得名。周公庙西北有一隆起高地,名曰望父台,又称伯禽台,传为当年伯禽向西望父祭祀之处。

周公庙内有问礼堂遗址。问礼堂原为纪念孔子祭祀太庙而建。孔子生前曾多次去庙里拜谒,《论语》中记载的"子入太庙,每事问",就是描写孔子进周公庙时的举动。孔子是位勤学好问的学者,每次进庙，总要详细地请教有关祭庙的礼仪等方面的问题。有一次孔子见到周公发明的"敧器"，问守庙人："此为何器？"守庙人回答说："盖为右座之器。"孔子说："吾闻右座之器，满则覆，虚则敧，中则正，有之乎？"对曰："然。"孔子让子路取水试验，果如所言。孔子叹息道："呜呼！恶有满而不覆者哉！"子路问："敢问持满有道乎？"孔子回答说："高而能下，满而能虚，富而能俭，贵而能卑，智而能愚，勇而能怯，辩而能讷，博而能浅，明而能暗。是谓损而不极。能行此道，惟至德者及之。"孔子因敧器而发的这番议论，表达了对周公这位中国古代文化的集大成者的由衷赞颂。他认为周公修礼作乐，制订了代表当时社会精神文明的各种典章制度，已达到了至德的境界。故周公死后，周成王为表彰他，特许鲁国以天子礼乐祭文王，曲阜成为除周都镐京外文化最发达的城市。

城郭虽荒遗址存

　　曲阜之名，最早见于《礼记》。东汉应劭解释说："鲁城中有阜，委曲长七八里，故名曲阜。"《释名》："土山曰阜。"这曲折蜿蜒的"阜"，大约就是现在城东的防山，这里在三千年前原是鲁国故城的中心，当时是一片雄伟壮丽的宫殿建筑群，其整体布局与《周礼·考工记》中的规定相吻合，充分反映出礼仪之乡的独特风格。汉代这里又出现了一座辉煌一时的宫殿，这便是灵光殿。灵光殿为鲁王（史称恭王）刘馀所修建，在汉代与长安皇城的未央宫、建章宫齐名。汉王延寿曾为之作《鲁灵光殿赋》，赋中着意渲染了灵光殿之巍峨宏丽："连阁承宫，驰道周环，阳榭外望，高楼飞观"，"千门相似，万户如一"，"周行十里，仰不见日"。在王莽篡汉后的连年战乱中，未央宫和建章宫都毁于大火，灵光殿却"岿然独存"，直到今天人们还以"鲁殿灵光"来比喻历经劫难而硕果仅存的老人。现遗址上仅存唐宋时所建的周公庙。明代陶钦皋有诗云："周公庙侧黍离离，传是灵光旧殿基。"鲁国故城是目前我国发掘的第一座西周城遗址。根据城基显示的规模可知，如今的曲阜城当时处于故城西南一隅，只占总面积的七分之一。

曲阜鲁故城遗址出土铜盘

曲阜鲁故城遗址出土铜簋

曲阜鲁故城遗址出土铜鼎

天下衣冠仰圣门

　　春秋时代,中国古代最伟大的思想家和教育家孔子在曲阜诞生。他首开私人讲学之风,弟子三千,贤者七十二,曲阜因此成为当时的文化教育中心。宋代大诗人苏东坡诗云:"至今齐鲁遗风在,十万人家尽读书。"孔子创立的儒家思想对中华民族的文化心理、价值观念等方面产生了深远的影响,自汉代起,历代王朝无不对孔子追谥加封、顶礼膜拜、延续近两千年。据历史记载,汉高祖刘邦于高祖十二年十二月自淮南还,过鲁,以太牢(猪、牛、羊三牲各一)祭祀孔子。这是帝王亲自到曲阜祭祀孔子的开端。后代儒家对此大肆宣扬,认为"汉家四百年命脉全在于此"。此后各朝皇帝竞相效仿,东汉光武帝刘秀于建武五年(29)过阙里,命大司空宋弘祭祀孔子;永平十五年(72)明帝刘庄到曲阜祭祀孔子及七十二弟子,并亲御

孔子像
宋
马远

孔府藏明人绘孔子像

第一编 曲阜之旅

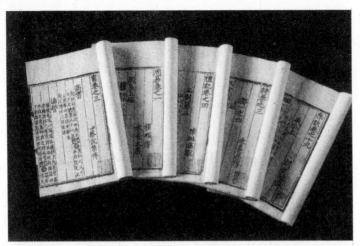

儒家经典"五经"
(《诗》、《书》、《礼》、《易》、《春秋》)

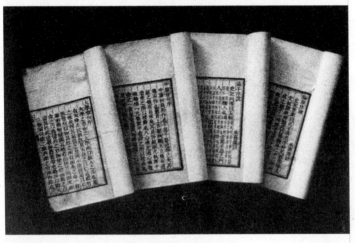

儒家经典"四书"
(《大学》、《中庸》、《论语》、《孟子》)

讲堂,让皇太子讲经。另外,汉章帝刘炟、汉安帝刘祜、北魏孝文帝、唐高宗李治、唐玄宗李隆基、北周太祖郭威、宋真宗赵恒都曾驾临曲阜祭孔。到了清朝,康熙皇帝来曲阜时行三跪九叩大礼以祭孔;乾隆皇帝曾八次到曲阜极其虔诚地祭祀孔子。

由于封建统治者对孔子的高度重视,曲阜也因此名扬四海,繁华代代,保存了众多的文化古迹和民间传说。至今圣人故里的巨大魅力仍令人赞叹不已,以三孔——孔庙、孔府、孔林为代表的一批名胜古迹为世人所仰慕,曲阜被誉为"文物之邦"、"名胜之乡"、"礼仪之乡"。正如明诗人李东阳所赞:"天下衣冠仰圣门,旧邦风俗本来敦。一方烟火无庵观,三氏弦歌有子孙。城郭已荒遗址在,书文半灭古碑存。凭谁更续《东游记》，归向中朝次第论。"

[圣迹寻踪]

曲阜是孔子诞生和讲学之地，至今仍有许多有关他的遗迹可寻。

尼山诞圣美名扬

尼山，原名尼丘山，因孔子名丘，为避圣讳而易名。相传颜母祷于尼山之神而在此生下孔子，这座海拔仅三百四十余米的小山遂名扬四海。如今，尼山上一景一物皆与圣人息息相关。著名的尼山

曲阜尼山

八景中,智源溪得名于孔子降生之地乃智慧之源;坤灵洞传为雌虎哺乳孔子之所;观川亭是孔子观五川汇流处,《论语》载:"子在川上曰:逝者如斯夫,不舍昼夜。"中和壑之名,是盛赞孔子思想可使万物达于和谐的境界,《礼记·中庸》曰:"喜怒哀乐之未发谓之中,发而皆中节谓之和,……致中和,天地位焉,万物育焉。"文德林即毓圣侯之林,毓者,养育、产生也,尼山神因孕育了圣人,被封为毓圣侯,也得以享受人间荣华。

中和壑还出产闻名中外的尼山砚。《曲阜县志》载:"尼山之石,文理精腻,质坚色黄,可以为砚。"而当地百姓说,尼山从前并不产砚石,那时尼山上皆为质地粗糙松散的马尾石,遍山寻不到一块有

观川亭

尼山书院

棱角之石，可公元前551年孔子生于尼山后，这里的草木土石都发生了变化，山石可制砚，兔毛可为笔，松子燃而成墨，木可造纸，从此，尼山成为文房四宝的优质原料基地。

五代后周显德年间（954—960），"以尼山为孔子发祥地，始创庙"，经宋、元、明几次重修扩建，到明成祖永乐十五年（1417）形成规模，现尼山孔庙五进院落，拥有殿堂门房六十九间，包括棂星门、大成门、大成殿等名建筑。邻庙的尼山书院初建于北宋，元代复建。明朝孔承庆有诗咏书院："盘石垂萝何处家，山深茅屋隔烟霞。幽人读罢无余事，纱帽笼头自煮茶。"

阙里街坊纪圣故

孔庙东墙外有一大街名阙里街，是孔子生前居住的街道。"阙里"一名的由来，有不同的说法。其一，《阙里碑》云："历代帝王之庭曰帝阙。"孔子殁后，鲁哀公尊其为素王，于是有"阙里者，素王之庭除也"的解释；其二，春秋时街道称"里"，因这条街上有两个石阙，故称阙里；其三，《史记·孔子世家》载："孔子生鲁昌平乡陬邑。"陬邑有阙里，为孔子出生地，孔子长徙曲阜，其所居之处仍号阙里。当地百姓说，阙里街本叫缺理街，是为纪念当年孔子顶住官府的百般阻挠四处行教而命名的。

相传孔子开办私学,倡导"有教无类",使贫贱之家的子弟也有机会读书,这在尊卑贵贱等级分明的春秋时代是一项惊人的创举。鲁国贵族叔孙氏等对此不能容忍,便想方设法加以阻挠,他们买通一个名叫二拧的人,让他去对孔子搞恶作剧。二拧在街上以碎石堆城,挡住孔子去路,孔子只好绕城而过,这就是"车躲城"的故事。后来二拧又几次企图阻止孔子行教,均未得逞。到了晚年,二拧有所悔悟,欲向孔子道歉,便候在曲阜东南的一座山上,不料孔子在外地闻知此事,恐被二拧纠缠影响行教而寄居他乡。一位过路人把这个消息告诉了二拧,二拧羞愧至极,触石而死。人们由此称这座山为二拧山,称山上一块朝向孔宅、形似俯首的巨石为请罪石;为颂扬孔子的大仁大义,斥责官府的卑劣,将二拧筑"车躲城"的街道命名为缺理街,后取谐音而成为阙里街。

今阙里街有三座元代建筑,南为阙里坊,是座木制碑坊;中为钟楼;北有孔子故宅门,门内御碑亭里置乾隆手书《故宅门赞》碑:

阙里牌坊

孔子故宅门

"居庙之左,厥门斯故,藻缋不施,意存后素,徘徊仰瞻,心焉学步,告尔后人,由兹义路。"

父母合葬梁公林

防山北侧有一处仿孔林建造的人工园林,称梁公林,是孔子父母的墓地。元代封孔子父亲叔梁纥为启圣王,所以梁公林又叫启圣林。

《史记》载:"叔梁纥死,葬于防山。"当时孔子才三岁。孔子二十四岁那年,母亲亦病故。孔子为祭祀父母,主张将父母合葬在一起,可是他不知道父亲葬在何处,询问邻里也都不清楚,最后只好将母亲的棺柩停放在一个叫五父的大道通衢处,逢人便问,终于打听到父亲墓址,使父母得以合葬于防山之麓,并"封之冢四尺"。由此,孔子开夫妇合葬的先河,而且打破了"古者墓而不坟"的惯例,首倡在墓上堆土筑坟,使后代子孙比较容易找到先人的墓葬,岁时祭祀,这就是所谓"死,葬之以礼,祭之以礼"。这些做法都流传下

启圣林

洙泗书院

来并成为汉民族的传统习俗。

金明昌五年（1194），孔子五十一代孙孔元措在梁公林立碑碣、石仪，修神道；明永乐十五年（1417）孔希学重修，并在孔子父母合葬墓东南10米处为孔子的哥哥孟皮修筑坟墓。经清代历次重修扩建，形成总面积63亩的梁公林。如今这里柏桧苍翠，楷槲成荫，坊殿碑石，古意盎然，是曲阜著名胜地之一。

千年书院洙泗滨

曲阜古时有四大书院：洙泗、春秋、石门、尼山。其中洙泗书院规模最大。该书院因南滨洙水、北临泗河而名。据《曲阜古迹考》载：洙泗书院"旧名为先师讲堂，在孔林之东北"。当年孔子弟子三千，贤者七十二，周游列国，到处设教讲学，而在此执教的时间最久。此后直到明清时代，这里始终是历代名儒讲学之地。宋代大理学家朱熹在洙泗书院讲学时留下绝句曰："胜日寻芳泗水滨，无边光景一时新。等闲识得东风面，万紫千红总是春。"

洙泗书院的建筑均系明代原貌，清代重修。三进院落，拥有殿堂门房四十一间。院内古柏参天，丰草盈地。第二道大门内坐落着绿瓦飞檐的"先师讲堂"。当年孔子由卫返鲁，就在此编《书》、删

孔子行教图
朱兴华

《诗》、正乐,讲学授业,倡导"学而不厌,诲人不倦"的精神和博学、慎思、审问、明辨、笃行的治学态度,为中国古代的文化教育事业作出了杰出的贡献。清顾炎武有诗颂孔子:"道统三王大,功超二帝优。"

由先师讲堂向西,是师生们当年居住的房舍以及神庖、神厨、井瓮等建筑,为书院保存当年古迹最集中之处。

钟鼓齐鸣祭圣灵

曲阜钟鼓楼原为祭孔而设,每当祭孔大典行将开始之际,曲阜城中便响起撼人心魄的巨鼓声和震彻九霄的金钟声,为隆重的盛典

曲阜祭孔活动

曲阜孔庙大成殿祭孔

增添了神圣的气氛。

钟楼位于阙里大街中央,是一座城门式建筑,元代大德六年(1302)初建。钟楼内高悬一铜一铁两座金钟。据说,钟楼本在孔庙之西,元代在孔子故宅门前建端门,并将钟楼迁至端门之上。端门本为帝王宫殿之门,孔子被追封为大成至圣文宣王,为他建端门不足为怪。当地百姓却说,建这座端门,是为了追思孔子与他心爱的弟子子贡之间的深厚情谊。当年子贡"常相鲁卫,家累千金","结驷连骑","与国君分庭抗礼",曾创下"存鲁、乱齐、破吴、强晋而霸越"的赫赫功绩,这些都得益于一本"天赐赤书"。相传孔子卧病之后,子贡日夜侍于病榻旁,衣不解带,目不交睫。一日,孔子告诉子贡端门有赤书,让他去寻取,于是子贡得到了这部奇书。孔子殁后,子贡又独自在孔林为孔子守墓达六年之久,临行将自己的楷木手杖插在墓旁,洒泪而去。其精诚所感,泪水所浸,手杖竟然又抽枝发芽,长成参天巨树。后人深深为此感动,修建了这座高达10余米的端门,并在上面建起5米高的钟楼,使子贡对老师的敬仰怀恋之情借悠悠钟声传给孔子的在天神灵。

鼓楼位于孔府大门东,也是一座巍峨壮观的城门式建筑,高达16米多。楼阁内的巨鼓高可齐人。自明代弘治年间落成以来,鼓楼历经天灾人祸却一直安然无恙。尤其令人称奇的是30年代初期,军阀混战,曲阜曾遭炮火猛烈袭击,东西南北四座城楼都被摧毁,鼓楼却安好无损,许多落在楼上的炮弹一颗也没有爆炸。后来,人们在排除炮弹后,发现鼓楼上栖息着一群乌鸦,原来是孔子的"天兵"在"保佑"鼓楼免遭灾难。

峄山地貌天下殊

峄山在邹县东南,又名邹峄山、绎孔山。自古以来,这座以石、洞、云三奇著称于世的奇山,留下了许多著名历史人物的足迹。据说孔子登临峄山,览"地貌天下殊"的奇特景象,由此感到鲁国天地太小。如今峄山上仍有孔子观日处、小鲁台等风景点。

峄山由亿万块鹅卵状巨石自然堆积而成,因而形成"孔孔洞洞山,玲玲珑珑窍,蜿蜿蜒蜒路,晶晶铃铃泉"的奇妙景观。遍布全山的孔穴洞窍纵横通达,将峄山连接成为世间罕见的自然迷宫。孔洞中的景观也是千变万化,令人目不暇接,时时有别有洞天的惊喜;尤其是洞穴中永不枯竭的山泉甘露,潺潺涓涓,堪称一奇。络绎不绝的万千洞穴,使峄山的云雾忽出忽收,随着气候条件的差异而变幻莫测,令人觉得峄山总在忙忙碌碌地造云、放云、储云,放云时云山雾海,收云时又刹那间碧空如洗。

峄山石奇,素有盛名,其中最为奇绝的是六百多块惟妙惟肖的象形石,如南华观逍遥亭东的鲤鱼石,千吨巨石酷似鲤鱼腾跃入海之状;号称"天成之险"的南天门东侧有五巧石,自东视之形似玉兔,西观如金鱼,北看像骆驼,南眺为乌龟,自山下远望,又仿佛甲鱼在爬行;东山下的海豹石形态逼真,更使人望之而生畏。过南天门有八块巨石相抱而立,相传这里是伏羲氏演八卦之处,故称八卦石。盘龙洞内有一石钟据说是两千多年前邾国国君邾文公的家传金钟变成的。史载春秋时邾文公迁都于峄山之阳,可见上古时代这里已是锦绣繁华之地。如今除了历历可见的残垣断壁,这座悬于石缝、叩之铿锵有声的巨钟更给人以沧桑巨变的深沉感。清人王尔鉴诗云:"恐惊天上人,金钟化作石。不争万籁鸣,千载悬邹峄。"

峄山孔子小鲁处

峄山弥陀庵又称书门。据《史记·秦始皇本纪》记载，始皇二十八年（前219），秦始皇率群臣东巡，乘羊车登邹峄山，立碑刻辞颂扬秦德，书门便是李斯撰书碑文之处。原碑相传被北魏太武帝推倒，但因李斯小篆盛名遐迩，碑文为人摹拓不衰。元代至元二十九年（1292）邹县尹宋德令工匠砻石摹刻的李斯峄山碑是现存最早碑版之一，目前收藏于孟庙大殿内。

峄山佳景美不胜收，古人曾概括为五大奇观、七大龙宫、十二福地、三十六洞天、七十二庙宇。置身此山，深感造化独钟，不愧"岱南第一奇观"之誉。山上摩崖所刻"灵通泰岱"、"衍岱钟灵"，将峄山比拟泰山，在某种意义上是完全可以成立的。司马迁、李白、杜甫、苏东坡、黄庭坚、郑板桥等历代文豪才士都曾在峄山留下丰富多彩的诗文遗响。而民间关于峄山的无数掌故传说，又为峄山胜景增添了几分玄奥的气氛和无限的情趣，最负盛名的峄山圣姆相传是东昌府武城人，他生前广结善缘，洁己爱民，贵枲贱籴，救人无数，享寿一百零五岁，被天神宣诏，做了峄山圣姆。至今每年春龙节（农历二月初二），当地百姓都要举行盛大庙会，给圣姆进香祈福，人山人海，热闹非凡。

[圣徒遗迹]

弟子三千，贤者七十二，当年孔子的圣徒们，也在曲阜这礼仪之邦留下了岁月难以磨灭的足迹。

陋巷故址有颜庙

曲阜有一条陋巷街，街北端耸立着为纪念颜回而修建的陋巷石坊和辉煌秀丽的颜庙。

颜回，字子渊，自幼家贫，五岁丧父，十岁随母亲从兖州城南颜佃村流落到曲阜，后被孔子免费收入门下。他勤奋好学，总是早早到书院。一次孔子问他早饭吃什么，他回答说是"一张饼一碗汤"。孔子不信，后经了解，才知颜回每次回家仅有一碗野菜汤充饥，因汤水冷却后表层凝固了一张薄皮，颜回美其名曰"面饼"。凭着坚韧的毅力和强烈的求知欲，颜回学有所成，对孔子思想领悟透彻，且

颜回故里陋巷坊

能发表自己独到的见解,成为孔子高徒之一。孔子常称赞颜回"有颜回者好学,不迁怒,不贰过","一箪食,一瓢饮,居陋巷,人不堪其忧,回也不改其乐,贤哉回也"。后人将颜回看作家贫好学的典范。唐代尊颜回为"先师",封"兖国公",元代加封为"兖国复圣公"。颜庙始建于汉代,高祖刘邦过鲁祭孔并同时祭颜子祠,之后便在陋巷故址上建专庙奉祀颜回。经历代重修扩建,至明即达现规模。颜庙占地85亩,殿堂亭坊等一百五十九间,前后五进院落,分中、东、西三路。因颜回被尊为复圣,故颜庙又称复圣庙。

复圣庙的大门称复圣门,门内六角古亭下便是有名的陋巷井。伞形亭顶有个圆形天窗,正对井口,无论阳光来自何方,总能穿过窗口反射到井底水面上,使古井生辉。据说这是因为颜回当年饮用井中之水而成为儒家圣贤,上苍为昭示后人而光照此井。

颜庙正殿名复圣殿。这座雄伟庄严的建筑重檐八角,九脊十四兽,雕梁画栋,蔚为壮观。殿内正中在富丽堂皇的龛楼内安放着复圣颜回的高大塑像,中堂高悬的巨匾上为乾隆御笔"粹然体圣"四字,赞誉颜回思想纯洁,品德高尚,达到圣人标准。当地百姓谈起

曲阜复圣庙

陋巷井
(传为当年颜子的饮水井)

这一点，总要提到颜回的一段轶闻：一次，颜回在路上拣到一锭金子，上刻"天赐颜回"四个小字，颜回看着金锭吟道："天赐颜回一锭金，外财不发穷命人。"吟罢，将金锭抛掷于地，拂袖而去。

曾子纯孝感上苍

在嘉祥城南18公里处的凤凰山南麓，有一处规模宏伟的古建筑群——曾子庙。曾子名参字子舆，是孔门四大圣贤之一。生前事亲至孝，作《孝经》。死后封宗圣，故曾子庙又称宗圣庙。

曾子庙始建年代无考。现存建筑成于明代，主体部分有宗圣坊、宗圣门、戟门、宗圣殿、寝殿，以此为中轴线，东置三省堂，西设莱芜祠，共五进院落，占地46亩。宗圣殿规模壮丽，气势非凡。殿门上方木匾题"道传一贯"，为清雍正帝书。"道传一贯"语与宗圣坊西坊之"一贯心传"语均颂扬曾子精通孔子思想，直接继承和传播孔子学说。据传，孔子临终前，曾子、子贡、有若等弟子守护于旁，孔子要将最重要的一句话传给弟子，可是刚说出"吾道"二字就再也发不出声音，这时，曾子伏在老师耳旁，恭敬地说："吾道一

山东嘉祥县
宗圣庙坊

贯心传。"孔子听罢，欣慰地呼出最后一口气，阖眼而逝。

在戟门前有一井名"涌泉井"，是为纪念曾子痛悼亲亡，泪如涌泉而建。传说曾子家贫如洗，他父亲曾晳晚年体弱多病，曾子便千方百计买些可口食物给父亲补养，自己忍饥挨饿。曾晳得知实情后，不忍享用儿子送来的食物，每当儿子问他，他总说还有许多没吃完，不让儿子再破费，父慈子孝，传为千古美谈。又说曾子母亲卧病中想喝碗鱼汤。此时正值隆冬，曾子顶风冒雪赶到集市，变卖了自己的棉袍，欲给母亲换几条小鱼，不料寻遍集市，未见卖鱼的。他又赶到赵王河边，毫不迟疑地扒开积雪，脱去上衣，卧冰求鱼。当他以赤子之心融开厚厚冰层，一条重逾1斤的鲤鱼跃出冰窟。曾母吃了儿子做的鱼，病愈如初。人们说，曾子卧冰求鱼的诚心感动了上苍，为此上苍特命给曾母延寿数十年。

微山湖畔仲子庙

微山县鲁桥镇仲浅村内，有一座仲子庙。始建于唐开元七年(719)，宋、明、清多次重修扩建，为一布局严谨、古朴肃穆的庙堂式建筑群。

仲子，名由，字子路，古鲁国泗水卞人。自幼聪慧过人，喜文爱武。相传孔子师徒出游卞国，在井边遇到仲子，想跟他讨水喝。仲子出题刁难，将扁担横放井口，自己站在井旁，让孔子猜是何字，孔

微山湖

了师徒答不出。仲子说:"井口一竖念中,旁加一人是仲。"孔子叹为神童,收他为弟子,并借其路旁难师之意,为他取字子路。从此仲子跟随孔子,成为孔子十大杰出弟子之一。他尚刚好勇,豪爽侠气,每遇孔子出行,他总侍卫身边,孔子赞叹道:"自吾得由,恶言不闻于耳。"仲子曾任卫国大夫。后人常以子路作为勇士的代名词。子路被封为"卫圣",并设专庙祭祀。

  仲子庙所在的仲浅村,原名横坊村。1669年,康熙沿古运河南巡,龙舟行至横坊村,随行大臣问康熙是否登岸拜谒仲子庙,康熙令返程再议。此言一出,龙舟竟搁浅不动。康熙大惊,自知"见贤不敬,慢怠卫圣"之过,遂步下龙舟,一步一叩地拜谒了仲子庙,并将横坊村更名仲浅村以志此过,又赐仲子后裔题有"圣门之哲"的御书横匾。

[学子撷英]

  "学而时习之,不亦说乎!"孔子的学风惠泽故乡,播及海内,从曲阜到整个齐鲁大地,历代莘莘学子含辛茹苦,孜孜不倦,多所建树。

匡王村匡衡凿壁偷光

苍山县鲁城乡匡山脚下的匡王村,相传是西汉经学家匡衡的故乡,也是他当年凿壁偷光读书的地方。匡衡出生在一个农民家庭,家里非常贫穷,因而很珍惜难得的学习机会。他每天早早起来,到西边的学校读书;下午放学后仍在学校苦读,很晚才回家。匡衡的父母看到别人家的孩子都回来了而匡衡还未回来,往往要站在家后边的一块大石头上眺望等待。久而久之,石头磨去了薄薄一层。每天晚上,匡衡回来后都要读书,可是由于家穷无钱买灯油和蜡。他想到邻居家去读,又怕打扰他们,就暗暗地在墙壁上凿个洞让邻居家的灯光从洞里透过来,借这点光亮照着读书。匡衡长大后,听说村里有个财主家藏有不少书,就想借来看。他提出到财主家干活,只要借书,不要工钱。财主觉得合算,就答应了。匡衡这样又看了不少书。后来,匡衡成了经学家,汉元帝时还任过丞相。人们为了纪念匡衡,把他当年读书的地方叫"老书房"(现老书房小村),把他父母迎他放学回来站过的石头叫"望子石"(现王子石小村,据说"王子石"即"望子石"的谐音)。

琅邪古地王羲之练笔

晋代大书法家王羲之生于古琅邪(今临沂),在这里度过童年时期;后南迁山阴会稽。在临沂王羲之故里有"晒书台"、"洗砚池"等名胜古迹。王羲之自幼聪颖好学,从懂事之日起就喜读诗文,常练书法,七岁就能写得一笔好字。他时时练,天天写,写了一张又一张。家里摆不开,就拿到房前高台上晾晒,晒干了就收存起来,以后再拿出揣摩比较,以总结经验,不断进步。就这样,他写了又晒,晒了又写……以后人们把他晒字的高台称"晒书台"。

王羲之家门前有一个池塘,原是一汪清水。自从王羲之学习书法以来,天天到这个池塘洗刷笔砚,天长日久池塘的水变成了墨色,后人称"洗砚池"或"泽笔池",有"临池学书,池水尽墨"的说法。奇怪的是,这个洗砚池里原来鼓腹高鸣的蛤蟆也不再发出声响,仅鼓起肚皮作欲鸣的样子。有人说是墨的质料对蛤蟆的鸣叫产生制约作用,有人说是蛤蟆也在尊敬书圣不愿打扰,于是留下这样一句歇

后语:"洗砚池的蛤蟆——干鼓肚。"

醴泉寺范仲淹划粥苦读

邹平县长白山北面,原有以济南七十二泉之一命名的醴泉寺。寺东南面黉堂岭上,有"宰相读书洞",相传寺和洞都是宋代文学家范仲淹幼年读书之处。

传说范仲淹幼年丧父,随母改嫁到长白县,因不堪忍受继父和邻居的歧视,一气之下出走到醴泉寺,被寺僧收留,住在山洞里读书。他不善交际,寺内小和尚有意冷落他,开饭时不敲钟。等到范仲淹自己回寺吃饭时,只给他剩一碗稀粥。范仲淹毫不在意,把粥端回洞里。当时正是三九严寒,粥冻成硬块,范仲淹便把冻粥划开,饿了就吃一块充饥,然后继续学习。如今,一块残碑上还有"范文正公晦迹其地以划粥断齑事闻名"的记载。

后来,老僧知道了,责备了小和尚,并让范仲淹搬进寺里住。老僧还每晚留下一份干粮,可又常常不见。一次,范仲淹无意中发现干粮是两只小白鼠偷吃了。小白鼠藏在紫荆树下的小洞里,他追去扒开洞顶的石头,一看里面全是黄金白银。范仲淹只笑了笑,原封不动地把石头盖上,又读书去了。后来,范仲淹当了宰相,老僧去京城探望。老僧回寺时,范仲淹并无什么厚礼相赠,只送他一包茶叶。老僧很不高兴,回来就把茶叶包扔到一边。一天他偶然想泡茶喝,解开了那包茶叶,只见里面有张字条,上写"荆东一池金,荆西一池银,一半修庙宇,一半赠僧人"。老僧看了半天,突然有所醒悟,带领众僧到紫荆树下一挖,果然挖出黄金白银。他便按照范仲淹的嘱咐,修缮寺院,分赏众僧,并在寺院里建起了"范文正公祠"。

孔　庙

[万世师表　千古奉祀]

孔庙是祭祀中国古代文化巨人孔子的庙宇。公元前478年即孔子殁后第二年,鲁哀公下令将孔子故宅改建为庙,"岁时奉祀"。当

曲阜孔庙鸟瞰

时只有"庙屋三间",内藏孔子生前所用的衣、冠、琴、车、书。两千多年来,孔庙经过不断重修扩建,规模不断扩大。清朝雍正皇帝亲自指授督修孔庙,费时六年,耗银15.7万余两,使孔庙焕然一新,形成了目前的宏伟规模。现存孔庙占地21万平方米,南北长达2.5里;前后九进院落,共四百六十间房屋,其中有五座大殿、五十三座门坊、十三座碑亭及若干祠、坛、阁、堂等。整个建筑群布局严谨,气势雄伟;建筑壮丽巍峨、金碧辉煌,宛如帝王宫殿。孔庙与北京故宫、承德避暑山庄并称为中国三大古建筑群。孔子生前屡遭冷落,死后却享此殊荣,这大概也非圣人所能预料,唐明皇诗云:"叹凤嗟身否,伤麟怨道穷。今看两楹奠,当与梦时同。"

宫墙高万仞

孔庙四周围墙一色黄瓦红垣,高大庄严。南门外有仰圣门,上面镌刻着"万仞宫墙"四个苍劲有力的朱红大字。关于这四个字,还有一段颇为古老的典故。

据《论语》记载,孔子的弟子子贡曾在朝廷辅佐鲁君。有一次,鲁国大夫叔孙武叔在朝廷上对大夫们说:"子贡比孔子强些。"在场

曲阜仰圣门

仰圣门万仞宫墙

孔庙"金声玉振"坊

的子贡就打个比喻说:"人的学问好比宫墙,我的这道墙高不过肩头,人们一眼就可以看见墙内的一切;我老师孔子的那道墙有数仞高,如果找不到他的门,就无法看到墙内宗庙的宏伟和房舍的多姿多彩。"叔孙武叔听了这番话,顿时为自己的浅薄而无地自容。古时七尺或八尺叫做一仞,后人觉得"夫子之墙数仞"不足以表达出对孔子的敬仰,于是明胡缵宗题写了"万仞宫墙"镶在仰圣门上。清乾隆皇帝为表示对孔子的尊崇,又换上自己御笔书写的"万仞宫墙"四个大字。

仰圣门后孔庙门前有"金声玉振坊",其名源于《孟子》。孟子对孔子作过这样的评价:"孔子之谓集大成。集大成者,金声而玉振之也。金声也者,始条理也;玉振之也者,终条理也。""金声"、"玉振"表示奏乐的全过程,"金声"为古乐起奏之钟声,"玉振"指古乐结束之磬音,以此象征孔子思想集古圣先贤之大成。坊后是一座单孔石拱桥,临桥东西各有一株合抱古柏,夹桥耸立,人称"二柏担一孔"。金明昌二年(1191)桥后东西各立一座石碑,上刻"官员人等至此下马",俗称"下马碑",官员庶民经此必须下马下轿,皇帝进庙祭祀也不例外,可见孔庙的尊严。

庙门标圣道

孔庙的大门称棂星门。棂星即灵星,又叫天田星,古代传说是天上文星,"主得士之庆"。以棂星名门,有人才辈出,为国家所用的意思;而古代祭天,先要祭祀灵星,因此孔庙大门以棂星命名,又意味着尊孔如同尊天。

进入棂星门,首先看到的是两座石坊,南为太和元气坊,取意孔子的思想学说就如上天化育万物一样;北为至圣庙坊。另外左右两侧有两座互相对称的木质牌坊,东题"德侔天地",西书"道冠古今",颂扬了孔子对中华民族的深远影响和杰出贡献。

孔庙第二道门称圣时门,取意孟子称赞孔子为"圣之时者也",说孔子在圣人之中最适合于时代,鲁迅先生嘲讽地解释为"摩登圣人"。不过孔子生前周游列国,到处宣扬恢复周代的礼乐制度,结果是四处碰壁。有一次,孔子在郑国与弟子失散了,他独自一个人站

孔庙棂星门,太和元气坊

孔庙奎文阁

在城门等候弟子。子贡向别人打听孔子的下落，有人对子贡说："东门有一个人，额头像尧，后颈像皋陶，肩部类似子产，而腰部以下比禹差三寸，狼狈得像丧家之狗。"子贡找到孔子后，把原话告诉了他，孔子觉得形容自己像丧家之狗很贴切，连说："正是这样啊！正是这样啊！"

由圣时门穿过弘道门、大中门和同文门，便是被誉为中国古代十大名阁之首的奎文阁。"奎"是星名，二十八宿之一，为西方白虎之首，由十六颗星组成，"屈曲相钩，似文字之画"，所以《孝经》中说"奎主文章"，后人进而将奎星作为文官之首。阁名奎文，一则有尊崇孔子为天上奎星之意；二则因此阁乃孔庙的藏书楼，原为珍藏孔子遗著和皇帝御赐书籍的场所，是中国最早的大型图书馆之一。这座构造奇特、蔚为壮观的古楼阁建于宋代，金代重修，历经七百余年依旧巍然屹立。尤其康熙年间，大地震使曲阜"人间房屋倾者九，存者一"，奎文阁却安然无恙。古诗赞美奎文阁道："嵯峨俊阁入宫墙，上有云梯百尺长。"阁前廊下的一通石碑上，刻有明代李东

成化碑
（建于明宪宗成化四年（1468），奎文阁前四座明代御制碑之一。）

成化碑碑文：
孔子之道，有天下者一日不可无焉。孔子之道之在天下如布帛菽粟，民生日用不可暂缺。

阳撰写的《奎文阁赋》，赋中对奎文阁之高之奇更是极尽铺张夸饰之能事，说站在阁上可畅意接受天风的吹拂；在秋日肃爽明净的天空中，那明亮的奎星似乎便坐落在阁上。

古碑铭千秋

大成门是孔庙的第七道大门。在大成门和奎文阁之间的院落里，分布着著名的十三御碑亭，专为保存唐宋以来帝王御制石碑而修建。碑文多是皇帝对孔子追谥加封、拜庙祭祀等记录；各碑均以赑屃为趺。十三碑亭中，道南有两座正方形的金代碑亭，斗拱豪放，布置疏朗，是孔庙现存最古的建筑；五十五通御碑中，最早的是两通唐碑，即"天唐赠泰师鲁先圣孔宣尼碑"和"鲁孔夫子庙碑"；最大的一通石碑总重量达65吨，为康熙年间所立；最有趣的一块乾隆皇帝的检讨碑没有收藏于此处，而是矗立在鲁故城东南角的古泮池畔。

古泮池原是鲁僖公的泮宫，孔子和弟子们课余常来此游憩。1756年春，乾隆来到曲阜，参拜圣迹后便下榻于古泮池北岸的行宫。他看到池边垂柳环绕，塘内鱼跃荷香，景色宜人，诗兴油然而发，随口吟道："千年古柏城头绿，过雨春花水面红。"吟罢，似觉意犹未尽，忽然想起平日读书时，好像有记载说眼下的曲阜城应是新城，由

孔庙十三御碑亭

明代东郊旧城迁来。于是乾隆便联想到古泮池当在旧城,此处泮池不应是古之泮池。念及此,他提笔写道:"十里东郊旧鲁城,新城安得泮池名。宋芹献馘今符杏,聊听传讹此驻旌。"这首诗被刻制成御碑,立于古泮池旁。六年后,乾隆再次驻跸泮宫,他触景忆旧,对自己当初的判断产生怀疑,便召来衍圣公询问此事。原来,曲阜古城曾在宋代迁往东郊10里的新城,并更名仙源县。明代又迁回原址;这一来一往,古泮池的位置没有任何变动。乾隆此时方大悟,于是作《驻跸古泮池》诗云:"此地非常地,新城即故城。馆仍今日驻,池是故时清。"赋毕,又作《古泮池证疑》以告诫后人。文中写道:"甚矣,读书之忌粗疏浮过,不沉潜深造,博宗详考,执一为是,譬为禾者卤莽耕而卤莽获,确乎其弗可也。"作为一代帝王,能够将自己的错误刻于金石,传诸来世,实属难能可贵。

天工开物惊龙柱

十三御碑亭北有五门并列,至此将孔庙分作三路:东为承圣门,

孔庙杏坛

杏坛讲学
孙维克

内奉祀孔子上五代祖先；西为启圣门，内奉祀孔子父母；中路大成门，内主祭孔子夫妇，并以历代先贤先儒配享从祀。

由中路进入大成门，迎面一块海蓝色"杏坛"竖匾。相传孔子曾于杏坛设教，《庄子·渔父》记载"孔子游乎缁帷之林，休坐乎杏坛之上，弟子读书，孔子弦歌鼓琴"。宋代孔子四十五代孙孔道辅监修孔庙时，将正殿后移，于正殿旧址上修起杏坛；金代又在坛上建亭，形成了如今这座富丽新颖的杏坛。每逢阳春三月，杏花怒放，幽香满亭，令人驻足，其境正合古人诗意："独有杏坛春意早，年年花发旧时红。"

过了杏坛，便是驰名于世的大成殿。这是孔庙的主殿，唐代称文宣王殿；宋徽宗推崇孔子"集古圣先贤之大成"，改名大成殿。现所见大成殿是明代建筑，清代重修。殿前"大成殿"竖匾系雍正帝手书，字径1米。这座金黄色的大殿重檐九脊，气势宏伟，与故宫太和殿、泰山岱庙天贶殿并称为东方三大殿。大殿四周回廊有二十八根高约6米的巨大石柱环绕，石柱均以整石刻成，其中两山及后檐的十八根为八棱水磨浅雕，以云龙为饰，总计有一千二百九十六

曲阜孔庙大成殿

孔庙大成殿云龙石柱

条神态各异、栩栩如生的团龙。前檐十根为深浮雕,每柱两龙对舞,一条扶摇直上,一条盘旋而降,中有火焰宝珠。蟠龙四周,云海翻滚,柱脚衬以山石和汹涌的波涛。十根龙柱两两相对,无一雷同。阳光照射下,只见云龙飞舞而不见石柱,其艺术价值之高,即使故宫金銮殿里的贴金龙柱也不能与之媲美。

据说每当皇帝来此朝圣,当地官员总要用红绫黄绸将龙柱裹起来,害怕皇上看到后产生嫉妒之心。乾隆皇帝倒颇开明,他认为孔子理应享受比帝王更高的尊崇,故下令不让在龙柱上挂红绫。然而当乾隆真正见到龙柱时,却被深深地震惊了。他站在龙柱前,一言不发,只是不停地抚摸着龙柱,久久不愿离开。这二十八龙柱是明弘治十三年(1500)敕调徽州工匠刻制的,正是"天工开物眼前是,梓匠何曾读圣书"。

至圣先师　百贤从祀

大成殿内正中高悬"至圣先师"巨匾,其下神龛贴金雕龙,内供孔子彩绘塑像。自从汉武帝采纳董仲舒"罢黜百家,独尊儒术"之说,确立儒学的正统地位后,作为儒家创始人的孔子愈来愈尊贵:汉平帝封他为"褒成宣尼公";北魏称"文圣尼父";唐始称他为"圣人",封为"文宣王";元再加封为"大成至圣文宣王";明改称"至圣先师";清加号"大成至圣文宣先师",后又复称"至圣先师"。

孔子塑像两旁有"四配",即复圣颜回、述圣孔伋、宗圣曾参和亚圣孟轲;再外为"十二哲",即闵损、冉雍、端木赐、仲由、卜商、有若、冉耕、宰予、冉求、言偃、颛孙师、朱熹。这些作为配享的先贤先儒在孔庙中的去留往往并不稳定。就以亚圣孟轲来说,洪武初年,明太祖朱元璋翻阅《孟子》,见卷四《离娄章》云:"君之视臣如手足,则臣视君如腹心;君之视臣如犬马,则臣视君如国人;君之视臣如土芥,则臣视君如寇仇。"顿时"龙心"大怒,立即诏告天下说孟子这段话"非臣子所宜言",将孟子罢享;同时明告群臣:有敢劝谏者,以"大不敬"论罪处死,"命金吾射之"。刑部尚书钱唐抬棺上殿死谏,"祖胸受箭",慷慨陈词道:"臣得为孟轲死,死有余荣。"朱元璋为之感动,急忙命太医为他疗伤。过了不久再次诏告天

孔庙大成殿孔子塑像
("万世师表"匾额为清康熙皇帝所题
"斯文在兹"匾额为清光绪皇帝所题)

下，称赞孟子"辩异端辟邪说，发明孔子之道"，重新恢复了孟子配享的地位。

大成殿东西两侧的两庑内，供奉着后世儒家的著名人物，如董仲舒、韩愈、王阳明等。唐朝时仅二十余人，经过历代增添更换，到民国时多达一百五十六人。这些从祀的贤儒更是屡经更迭，有许多人被罢祀后再未复祀，如荀况、扬雄等人。北宋著名政治家王安石一生志在变法，由于保守派的阻挠，变法失败，王安石也被罢相，最后含恨而终。到了宋政和三年（1113），蔡京执政，借恢复新法为名，呈请皇帝，以王安石配享孔庙，将其偶像送进了大成殿，地位仅次于孟轲。王安石的儿子王雱也子随父荣，被送进两庑从祀。此事一开始便遭到保守派的激烈反对，他们指责王安石学术荒谬，是邪说淫词。结果靖康元年（1126）王安石被取消"舒王"封号，毁去配

孔庙十二贤哲像
（局部）

三圣图
明
佚名
(孔子居中,颜回居右,曾参居左。三人衣纹以小楷字连缀成线,文为半部《论语》。)

孔庙藏孔子与72弟子木刻像

享偶像，降入两庑从祀。淳熙三年（1196），保守派和变法派又进行了针锋相对的交战，最后拿王雱作替罪羊，将他赶出孔庙。事情到此并未结束，保守派对王安石从祀仍不甘心。淳祐四年（1244），宋理宗终于下令："王安石谓天命不足畏，祖宗不足法，人言不足恤，为万世罪人，岂宜从祀孔子于庙廷？黜之！"这样，王安石被彻底赶出了孔庙。

现在两庑中陈列着历代石刻。东庑中保存的四十多块汉、魏、隋、唐、宋、元时碑刻，西庑中陈列的一百多块"汉画像石刻"，皆为久负盛名的无价之宝。其中最著名的有北魏张猛龙碑和号称汉隶孔府三碑的礼器碑、乙瑛碑、孔羡碑等。

北魏张猛龙碑

[朗朗明月　清辉无限]

孔庙是由孔子故宅改建的。因此,这里的一草一木无不沐浴过当年那轮朗朗明月的清辉。

先师手植桧

大成门内石陛东侧有"先师手植桧"。唐人封演《封氏闻见记》说:"曲阜县文宣王庙内并殿西南各有柏叶松身之树,各高五丈,枯槁已久,相传夫子手植,永嘉三年其树枯死。"传说当年孔子亲手栽下三株桧树。几经荣枯,如今仅存一株雍正年间复生的再生桧,树高10米,挺拔耸立。清人李澄写诗赞曰:"老桧依稀记手植,风

孔子手植桧

退修诗书
(明《圣迹之图》)

霜剥蚀苔藓皮。旋纹屈蟠金铁骨,苍鳞怒茁虬龙枝。"过去,先师手植桧被视为孔子思想的象征,并同孔氏子孙的命运联系在一起,有"此桧日茂则孔氏日兴"的说法。统治者更将此桧同社会的兴衰联系起来,如宋代大书法家米芾诗云:"矫龙怪,挺雄质;二千年,敌金石;纠治乱,如一昔。"这桧树死死生生,饱尽沧桑,难怪要被人们神化了。

沿大成殿回廊向后是寝殿,为供奉孔子夫人亓官氏的专祠。亓官氏,宋国人,十九岁嫁与孔子,先孔子七年去世。孔子死后,"即孔子所居之堂为庙",亓官氏与孔子一起享祀。后代统治者对孔子极尽崇拜,亓官氏也跟着享尽殊荣。宋大中祥符元年(1008)被宋真宗追封为"郓国夫人";元至顺三年(1332)被封为"大成至圣文宣王夫人";明嘉靖八年(1529)被尊称为"至圣先师夫人"。

寝殿后是孔庙最后的第九进庭院,中有明代修建的圣迹殿。此殿以内藏一百二十幅圣迹图而得名。圣迹图以石刻连环画的形式记载了孔子一生的主要事迹,是我国第一部有完整人物故事的连环画。殿中收藏的晋代大画家顾恺之和唐代大画家吴道子所绘孔子像以及宋代书法家米芾篆书"大哉孔子赞"等等,都是弥足珍贵的艺术品。"老桧曾沾周雨露,断碑犹是汉文章",孔庙作为一座历史文化的宝库,宝藏纷呈,真令人目不暇接。

孔子生前宅

承圣门内的孔庙东路,原为孔子故宅,后世以此主祭孔子上五代祖先。进入承圣门,第一进院的五间正殿名诗礼堂。相传这里是孔子教育儿子孔鲤学诗学礼的地方。据《论语》记载,有一次,孔子正在家院内独立沉思,孔鲤迈着小步恭敬地从他身边经过。孔子便喊住他问:"学诗乎?"孔鲤老实地回答:"未也。"孔子说:"不学诗,无以言。"孔鲤退而学《诗》。过了一段时候,孔鲤小心翼翼地从院中走过,又被孔子叫住了。孔子问:"学礼乎?"孔鲤回答:"未也。"孔子说:"不学礼,无以立。"孔鲤退而学《礼》。孔子教子学诗学礼一事后来传为美谈,孔子的后代视为"祖训",从此恪守"诗礼传家"。孔子五十三代孙孔治,为不忘"过庭之教",乃"作堂私第,名以诗礼"。明弘治十七年(1504)重修扩建原来的庭堂,形成如今的规模。

诗礼堂前身是孔子生前居住的三间茅屋。前479年,孔子病逝,鲁哀公伤心地叹道:"旻天不吊,不愁遗一老,俾屏余一人以在位,茕茕余在疚。"还亲作诔文,并在第二年下令将三间茅庐命名为寿堂,作为祭祀孔子的场所。前126年,司马迁"北涉汶泗,讲业齐鲁之都,观孔子之遗风"。在孔子故宅,他看到寿堂内陈设如故,众儒生在堂前讲习礼仪,四时不断,因而感慨不已,认为"天下君王至于贤人众矣,当时则荣,没则已焉。孔子布衣,传十余世,学者宗之。自天子王侯,中国言六艺者折中于夫子,可谓至圣矣"。后来,

诗礼堂匾额

司马迁在《史记》中作《孔子世家》,用为王侯作传的"世家"体为孔子立传,足见他对孔子的崇敬。

寿堂改建为诗礼堂后,成了专给赴曲阜祭孔的帝王讲经和祭孔前演习礼乐的专用场所。清初孔尚任曾在此为康熙帝讲经。乾隆对这块千年圣地赞叹不绝,先后八次瞻仰诗礼堂,留下诸多碑石墨迹。

诗礼堂前庭院中有唐槐和宋银杏,历经千载,依然枝繁叶茂,遒劲挺拔。宋银杏至今春华秋实,硕果累累,与诗礼堂相映生辉。诗礼堂后有一水井,传为孔子生前饮水井,水"既清且渫",被称为"圣水",乾隆祭孔时曾勺水拜师尊,说:"我取一勺,以饮以思,呜乎宣圣,实我之师。"今井西凉亭内立有乾隆"饮水拜师"的"故宅井赞"碑。井周雕花石栏及栏内"孔宅故井"石碑均为明代修建,其中东南角栏柱系用"响石"雕制,以掌击之,发出磬鸣之音。据说这金石丝竹之声与孔子的著述有关。

孔宅故井

鲁壁金丝堂

诗礼堂后故井东面,有一堵断墙,约3米高、15米长,形同照壁,这就是有名的"鲁壁"。相传秦始皇统一天下后,焚书坑儒,反对孔子。当时,孔子的第九代孙孔鲋的朋友陈余跑来告诉他说秦始皇将巡行山东,孔鲋有许多祖传书籍,又是孔子后代,十分危险,要赶紧想办法。孔鲋听后就连夜跟弟子襄把家里收藏的古籍藏进祖堂的夹皮墙,自己离开家乡,隐居到嵩山教书。陈胜起兵反秦,陈余便推荐孔鲋加入起义军。孔鲋博学多才,很有政治见解,因此颇受陈胜器重,被尊为博士、太傅。汉代鲁恭王为扩修宫殿,要拆除孔家祖堂,拆到这面墙时,忽然听到里面有丝竹之声,打开墙壁便发现了许多书。书是写在竹片上,用丝绳穿起来的,碰撞时发出响声。这批古书包括《论语》、《孝经》、《尚书》等儒家经典,用蝌蚪文写成,不同于当时流行的汉隶文经书,故称为"孔壁古文"或"古文经书"。被秦始皇几乎烧绝的六经等得以保存,此壁功莫大焉,因此恭王独将这面墙保留下来,世称鲁壁或恭王壁。为纪念孔鲋藏书,金代曾将孔子故宅的寿堂改名为"金丝堂";明弘治年间重修孔庙时将金丝堂迁往孔庙西路,在原址上建起诗礼堂,后来又特意修建了一面墙作为象征性遗址。

鲁壁藏书处

鲁壁藏书为历代文人津津乐道。人们由此传说孔府之书皆有灵性。井旁的响石栏杆据称就是用以闻丝竹之声、发思古之幽情而设。宋人王禹偁在《鲁壁铭并序》中说："文籍不可以久废；亦受之以兴，……其废也，赖斯壁而藏之，其斯壁而发之。"宋代孔道辅《阙里夫子庙》一诗也说："秦火自焚宁害圣，金丝堂壁阄家书。典坟启发皆天意，非谓共王好治居。"文化复兴，功归鲁壁，实不为过。正如乾隆诗云："经天纬地存千古，岂系恭王坏宅时？"

鲁壁后甬道尽头是崇圣祠。清雍正元年（1723）追封孔子上五世祖为王爵，并建该祠祭祀。祠内原供孔子五世祖肇圣王木金父、高祖裕圣王祁父、曾祖诒圣王防叔、祖父昌盛王伯夏、父启圣王叔梁纥，并供颜回父颜无繇、曾参父曾点、孔伋父孔鲤、孟子父孟孙激为四配。祠后是孔子后代私祭孔子夫妇、孔鲤夫妇、孔伋夫妇的家祠。

天遣奎星下

孔庙西路启圣门内的启圣殿，是供奉孔子父母的地方。孔子父亲叔梁纥本是鲁国陬邑的大夫，在一次战争中，敌方突将城门放下，企图围杀入城兵士，恰巧叔梁纥在门下，举双臂托住城门，可见其膂力之大。叔梁纥先娶鲁国施氏为妻，生九女，无子。后休施氏，与妾生一男儿，名孟皮，但因腿脚有疾，不能顶门立户。于是叔梁纥娶颜家三女儿征在为妻。这时叔梁纥已是六旬老翁，征在尚是年轻

孔母颜征在尼山致祷后生孔子（明《圣迹之图》）

尼山夫子洞

貌美的少女，所以《史记》说："纥与颜氏女野合而生孔子。""野"即不符合礼，纥与征在这样年龄悬殊的老夫少妻，在当时被认为是不合礼仪的。婚后纥与征在同祷于尼山，求赐贵子，后果然生孔子，取名为丘，字仲尼。

几千年来在曲阜流传着许多有关孔子生于尼山的传说。如说有一次叔梁纥夫妇去尼山祈祷，下山途中忽听天空鼓乐齐鸣，飞来一只麒麟，口衔玉帛，上书"天遣奎星下凡，以振周朝"。接着，颜氏就生下了孔子。还说孔子出生时，大雾溟濛，凝露为雨，瞬时而止，其后异香袭人，沁人心脾；又有仙翁乘云而降，口呼"天生圣人，奏乐！"于是天空中传来和乐齐鸣，孔子便在这悦耳的乐声中降临人世。

不过，相传孔子刚出生时相貌丑陋，头顶如反盂，中低而四旁高；而且眼露筋、鼻露孔、耳露轮、嘴露齿，眼、耳、鼻又均双露，故称七露。颜氏以为是怪物，将他弃于山洞之中。这时来了一只老虎为他哺乳；暑天，山洞里闷热异常，又飞来一只老鹰用翅膀为他打扇。后来颜氏才将他抱走。所以这一带有"凤生虎养鹰打扇"的说法。至今尼山还有那个山洞，人们称为"夫子洞"，又名"坤灵洞"。

孔子三岁时，叔梁纥去世；颜氏将孔子抚养至二十四岁时也故去。宋大中祥符元年（1008）始追封叔梁纥为"齐国公"，颜氏为"鲁国太夫人"；元至顺元年加封纥为"启圣王"，颜氏为"启圣王太夫人"，各设专祠祭祀。

柱有金石声

在大成殿的前檐下，距雕龙柱不远处，有一对叩之即响、音若金声、质似玉振的石雕莲花柱。从表面看，这两根汉白玉栏杆与其他五十多根没有任何区别，为何能发出如悦耳的琴声一样的声响呢？当地人解释说，这是孔子感化的。孔子是个天才的音乐家，"闻韶乐，三月不知肉味"；他在杏坛教弟子弹奏古琴，至今余音犹存，不绝于耳。也有人说，这对莲花柱顶端曾被乾隆皇帝的龙指摸过。当年乾隆见到大成殿前的十根龙柱，被那举世无双的石雕艺术惊呆了。震惊之余，他转过身来，用手敲了一下雕龙柱前的那两个莲花石柱，感叹道："至圣之道参天地，立人极，为万世师表，于天地终无极。"言下之意，是说唯孔子有资格享受此般殊荣。不料，乾隆这一敲，莲花柱顶端发出了优美的金石之声，由此方有这对绝妙的音响石。

孔庙乌鸦的传说更古老动人。相传孔子当年周游列国之后，回到故里专心从事教育和整理古籍的事业，余暇常带弟子到城外郊游，并特别喜欢站在尼山顶上观看五川汇流，感慨"逝者如斯夫"。有一次，孔子和弟子们在尼山上遇到兵匪，展开殊死搏斗，在孔子险遇伤害之时，天空中突然飞来无数乌鸦，连啄带抓，赶走了兵匪。后来，乌鸦天天跟随孔子出游，为孔子护驾，朝出暮归。孔子死后它们依然在孔庙为孔子护灵。至今，每天黄昏，鼓楼的暮鼓敲过，先有三五只乌鸦从远处飞来，绕孔庙盘旋一周后，发出"哇哇哇"的叫声，似在召唤同伴，于是，成百上千的乌鸦从四面八方聚集到孔庙上空，黑压压地落满古树枝头；第二天清晨，当钟楼上的晨钟敲响，大群乌鸦又从孔庙腾空而起，噪鸣着盘旋几周后，成群结队地各奔东西了。这偌大乌鸦群天天夜宿孔庙，却无丝毫粪便污染，确实令人称奇。孔庙这些早出晚归的乌鸦，已成为一大奇观，当地人说，这是孔子的三千乌鸦兵。

孔 府

[煌煌"天下第一家"]

孔府,即"衍圣公府",位于曲阜城中心,孔庙东侧,是孔子嫡系长支居住的府第。

孔子裔孙,九世之前皆独子单传,居住阙里故宅,岁时奉祀孔子。故宅又称袭封宅。汉高祖开帝王祭孔之先,同时始封孔子九世孙孔腾为"奉祀君"。后代帝王对孔子"累世尊爵加无已",对其子孙也一再封赐。汉元帝封孔子十三世孙孔霸为关内侯,赐食邑八百户,黄金200斤,宅一区,并世袭封爵。经魏晋南北朝,孔子子孙又有宗圣侯、奉圣亭侯、崇圣大夫等封号;唐玄宗将孔子三十五代孙孔燧之由"侯"升为文宣公,并宣布圣人之后不征庸调。宋仁宗

孔府大门

为使圣裔繁衍,世袭不断,将文宣公改为衍圣公。这一封号子孙相继,承袭三十二代,历时八百八十余年。

衍圣公是享有特权的大贵族。明初作为一品文官,列于文臣之首。清代衍圣公班列阁臣之上,还特许在皇宫御道上与皇上并行,在紫禁城骑马,陪同皇帝"临雍"(视察学务);衍圣公每次上京,诸贤后裔、五经博士等百余人皆随同,浩浩荡荡,威仪不凡。

孔府是圣人之家,又是公爵之府,号称"天下第一家"。其尊贵荣华世代承袭,历经两千多年,甚至连皇帝也无法与之相比。随着孔家地位扶摇直上,孔府家宅也渐具规模。宋宝元年间(1038—1040)始建新邸;被封衍圣公后,改称衍圣公府。明朱元璋特命在故宅东重建府邸,并恩准府内设置官署。以后又经多次增修扩建,最终形成占地达240亩的雄伟古建筑群,拥有厅堂楼殿四百六十多间,雕梁画栋,飞檐彩拱,奇花异石,凉亭曲桥。整个布局是前衙后宅,三路建筑,九进大院,华美隽秀,幽深古雅,堪称公爵府邸之翘楚、古老家宅之王冠。

孔门写尊荣

孔府大门正中上方高悬着蓝底金字的"圣府"匾额,门两旁明柱上,挂有一对雕刻金字对联"与国咸休安富尊荣公府第;同天并老文章道德圣人家"。

对联极力颂扬了孔府的尊荣,写出了圣府的显赫与气派。此联由清代著名学者纪昀(晓岚)撰书,文佳字美,赫然醒目。不过细心的人会注意到,上联"富"字没有上面一点,写成"冨";下联"章"字写作"章"。这是孔府独用的字,其中有一段神奇的传说。

唐末天祐年间,孔子四十二代孙孔光嗣娶亲。一时,高朋满座,显贵云集。这天孔府大门前来了一个衣衫褴褛的乞丐,不讨吃喝,只坐在门口癫癫狂狂地边说边唱:"富贵之家真富贵,富贵有头也有尾。头尾本是同根生,富贵出头将至尾。及早除去'富'字头,才能免去富贵危。"

老文宣公知遇异人,延为上宾,再三哀求赐教。乞丐在他的手心上划了一阵,叮嘱"此乃天机,万不可泄"后扬长而去。此后不久老文宣公便一病不起。去世前将一匣子托与儿子光嗣,并嘱他不得启看,传交孙子。老文宣公归天后,孔府家景每况愈下,光嗣失掉"文宣公"爵位,只被任命为泗水主簿。五代后梁乾化三年(913),洒扫户孔末杀死光嗣,取而代之。当时光嗣之子孔仁玉只有九个月,且是独苗,被藏匿于乳母张妈妈家。孔末追杀至张家,张妈妈用自己的儿子冒名顶替,保全了圣脉。孔仁玉懂事后,发愤读书,终于科举成仁,拨乱反正,剿灭孔末,中兴祖业。老文宣公传下的匣子由族长移交到仁玉手中,打开后,发现是两行遗训:"切记富字勿出头,富字出头穷断头"。由此,作为一条家规,正宗孔门凡写"富"字概不出头,以示孔府作为惟一不受朝代更替影响的公爵府第,富贵荣华无边无际,千年不衰。

孔仁玉之后,子孙繁衍,先分为五位,又分为二十派,再分为六十户。仁玉被追称为"中兴祖";张家也成为孔府的世代恩亲。

"章"字写作"章",据说与纪昀有关。清乾隆年间孔府大兴土木,修葺一新,并请来纪昀撰书门联。纪昀拟定联文后潜心苦练,最后写出的这副对联字字千钧,古朴之中流溢出娟秀潇洒的神韵,经名匠雕刻后更是锦上添花。于是便将门联悬挂于明柱,蒙以红绫,只待第二日皇上亲自揭绫。不料这天深夜狂风大作,电闪雷鸣;片刻间又雷停风止。闪电击坏了下联,上联却完好无损。衍圣公只好请纪昀补写。纪昀写了多遍,均不能如意,后经仙人梦中点化,才猛悟圣人文章功盖千古,天下无二,岂能用寻常"章"字题写,写作"章",便意味着圣人文章穿日顶天而立。悟到这一点,纪昀再动笔时,得心应手,如有神助。第二天皇上驾幸孔府,看到门联二十二个金光闪闪的大字,赞不绝口,钦命重赏纪昀。纪昀也因此门联而名垂青史。

石碑载恩遇

孔府的二门为"圣人之门",门匾系明朝文渊阁大学士李东阳手书。门内有座别具风格的屏门,称"垂花门",素被视为建筑学上的一朵奇葩。门上悬有明世宗朱厚熜亲颁的"恩赐重光"匾,故此门又称重光门。过去只有逢帝王大典,迎接圣旨,或进行重大祭祀活动时,此门才在十三响礼炮中徐徐启开。这样的仪门或称塞门,一般的官宦人家没有资格建造,只有封爵的邦君才有此恩遇。

说到孔府的荣宅恩遇,二门内东侧的一块石碑是有名的见证。这通石碑上记载了明代开国皇帝朱元璋与孔子五十五代孙孔克坚、五十六代孙孔希学的两次谈话。对话语言平白通俗,读来饶有趣味,颇受游人瞩目。据说明太祖朱元璋在南京称帝后,马上要孔克坚前往朝拜。孔克坚因朱元璋是造反成帝,便假托有病,派儿子孔希学前去。朱元璋非常恼火,写诏书给孔克坚说:自己"虽起庶民,然古人由民而称帝者,汉之高祖也。尔言有疾,未知实否,若称疾以慢吾,不可也"。孔克坚接到诏书,诚惶诚恐,日夜兼程赶往南京朝拜。

朱元璋在谨身殿接见了孔克坚。朱不提往事,极力笼络。他称赞孔家"祖宗留下三纲五常、垂宪万世的好法度",要克坚遵循祖宗法度,读书著述,不可怠惰。洪武六年,朱元璋召见孔希学时再次称孔子"为帝者师,为常人教,传至万世,其道不可废也",劝孔希学"读圣人之书,亲近明师良友,蚤夜讲明道义,必期有成学",为此宣布不"以政事烦尔,正为保全尔也"。一句话改变了孔氏在政治舞台上的地位,唐以来孔氏世袭曲阜县令的特权被取消了,孔府只是作为一种思想的偶像,享受荣华富贵。

朱元璋面谕孔克坚父子的实录后来被原原本本地刻在石碑上,作为孔氏家族的座右铭。

厅堂显威严

孔府仿照昔日皇宫的体制和规模而建,是中国封建社会中官衙与内宅合一的建筑典型。绕过花蕾垂吊、彩绘艳丽的重光门,进入孔府中路的前半部官衙,便可见酷似故宫的三殿六部的三堂六厅。

大堂是衍圣公迎接圣旨、接见官员、申饬家法族规、审理重大案件,以及节日、寿辰举行仪式的场所。大堂上狭长高大的红漆公案,案上的公府大印、红绿竹签等办公用品,列满大堂两旁的代表正一品爵位的诸般仪仗等等,都使我们想像到孔府当年的煊赫威严。尤其是后墙摆设的"十八块云牌銮驾",如"袭封衍圣公"、"光禄寺

孔府大堂内景

大夫"、"赏戴双眼花翎"、"赏穿带膆貂褂"、"紫禁城骑马"、"奉旨稽查山东全省学务"等,显著地标明衍圣公的爵位和特权。据说,孔府差官手持任何一块云牌銮驾进京,觐见皇帝无须禀报,孔府权势由此可见一斑。

大堂前两侧的东西厅房,是孔府相当于封建王朝六部的六厅,即管勾厅、百户厅、典籍厅、司乐厅、知印厅、掌书厅。六厅是衍圣公府的具体办事机构,各厅长官均由正六品官员充任。

由大堂向后,有一通廊与二堂相连。通廊里有一条大长红漆凳,俗称"阁老凳"。相传明朝权臣严嵩将自己的孙女嫁给孔子六十四代孙孔尚贤为一品公夫人。后来严嵩被弹劾将要治罪,他跑到孔府来托亲家衍圣公向皇帝求情,以减轻罪名,可孔府主人未允。严嵩当年就曾坐在这条长凳上等候回话,因他做过太子太傅、吏部尚书、华

孔府二堂

孔府三堂内景

盖殿大学士、国史总裁,人称严阁老,故将此凳称为阁老凳。

二堂又叫后厅,是衍圣公会见四品以上官员的场所,也是行使皇朝权力,替朝廷选拔礼学、乐学童生的考场。左右两间厅堂,东为启事厅,设正四品官员负责上传下达;西为伴官厅,设六品官吏跟班行走。三堂也叫退厅,是衍圣公处理家族纠纷和处罚府内仆役的地方,这里颇有官员正堂肃穆森严的气氛,衍圣公升堂时要击堂鼓,威风凛凛,权势遮天。三堂两侧的厢房,是掌管孔府总务和财物的要地,也是存放孔府档案的书库。

三堂六厅集中体现了孔府的特殊地位,这里发出指令,官府百姓无不震慑,足显天下一孔的圣威。

内宅示豪奢

孔府的官衙酷似故宫的前朝,内宅则好像故宫的内廷。孔府内宅包括前上房、后堂楼、前东楼、前西楼、后东楼、后西楼、后五间佛堂楼等建筑,均高深轩敞、富丽堂皇,最后部分是仿照故宫御花园而建的后花园。整个内宅形如深宫,戒备森严;内宅门称禁门,任何外人不得擅入,否则打死勿论;即使是挑水伕,也只能通过石流送水。所谓石流,指内宅门西侧一个露在墙外的特制水槽,挑水伕把水倒入水槽,水便隔墙流入内宅。

内宅的内壁上绘有一幅状似麒麟的动物,名叫"犹",是神话中的贪婪之兽,不仅无休止地吞食金银财宝,还总想吃掉太阳。衍圣

孔府犹壁

山水中国
山东卷

商周"十供"

明代衍圣公赐服

公在此绘下这想像中的动物,是为告诫子孙不要贪赃枉法。其实昔日衍圣公生活之豪华奢侈,比起帝王也并不逊色。例如前上房东侧梢间内摆设着一套满汉餐具,共四百零四件,且因菜设器、按席配套,最高规格为一百九十六道佳肴的满汉全席,集四海珍馐之大成,令人叹为观止。前堂楼东间有"多宝阁",内陈人参、灵芝、玛瑙、玉雕等奇珍异宝,难得一见的元明官袍等也珍藏于此;古色古香的名人字画更是琳琅满目。后堂楼内存放着商周"十供",这组稀世珍宝是商周时代铸造的祭器,是乾隆皇帝御赐之物。当年乾隆亲临曲阜祭孔,见庙府内祭器"不过汉时所造,且色泽亦不能甚古",为显示崇儒重道,"遂颁内府所藏",挑选出惟一的成组传世青铜器赐与孔府。孔府以此"十供"为无上的光荣、参天的恩泽,多年来敬谨收藏,秘不示人。孔府内宅积累的珍贵文物数不胜数。

内宅后花园又名铁山园,源于孔子七十三代孙孔庆镕,他曾移入几块形似山峰的铁矿石。此园建于明代弘治十六年(1503),由当时太子太傅、吏部尚书、华盖殿大学士、国史总裁李东阳亲自设计。李东阳的女儿嫁给孔子六十二代孙孔闻韶为一品公夫人,他与孔府的关系自然非同一般,所以才大卖力气,帮助孔府修建了这座花园。

孔府后花园

此后他曾四次作诗赋，勒碑刻铭，纪此盛举。明朝另一权臣严嵩和清乾隆皇帝都曾出力整修花园。

[西学东学　府连北斗]

孔府的东西两路亦各为九进大院，层层楼堂。一个个传统四合院内，飞檐叠拱，重门洞开。西路称西学，是衍圣公会客和读书、吟诗、习礼之所；东路称东学，是孔氏家庙和衍圣公眷属居住之处。

衍圣公府享尽龙恩

东学内有一庭院，北面五间殿堂，东西各有几间配房，这就是当年的慕恩堂，是为追念孔子七十二代孙孔宪培的妻子于氏而建的专祠。从前这里有一大批仆从妇差侍候牌位，一日三餐、起居洗漱一如活人。这位于氏死后为何有此殊遇呢？原来她本是乾隆皇帝的女儿，是孝圣贤皇后所生，很受皇上和皇后钟爱。只是这位公主脸上有块黑痣，据相术说这块黑痣主灾，破灾的惟一办法是把公主嫁给比王公大臣更显贵的人家。这就只有远嫁孔府了，因为只有衍圣公可以在皇宫的御道上和皇帝并行，皇帝到曲阜也要向衍圣公的祖先孔子行三跪九叩大礼，别的王公贵族都无法与之攀比。于是，乾隆首次赴曲阜,便与孔府说定将女儿下嫁,可是满汉两族是不能通婚的,为了避开族规,乾隆将女儿寄养在中堂大人于敏中家中,让女儿认这位汉族达官为义父。然后公主以于家闺秀的名义嫁给孔宪培,于家也搬到孔府,世代居于东学的一片院落里,人称于官亲。这是破例居住在孔府的惟一外姓亲戚。

公主下嫁时,自有无数的金银珍宝陪嫁,据说公主的嫁妆每日不停地整整运了三个月。这其中有一把小金斧子,是一位府台送的贺礼。当时,乾隆问他为什么想起送这样一种东西,他说留给御外孙砸核桃吃。乾隆听了非常高兴,说这把小金斧子是所有贺礼中最好的礼品。金银在孔府本来毫不稀罕,因为有皇上的金口玉言,这把小金斧子于是成了圣人家的传家宝。可惜公主未生育,过继侄儿孔庆镕为后。孔庆镕自幼才思敏捷,善于辞令。六岁进京朝见乾隆时,乾隆戏问:"爱孙,孤家门槛甚高,你怎敢迈进?"庆镕从容答道:"叩禀圣上,皇爷家门槛至高天上,它站立着是高一些,躺卧着却短一些;臣府的门槛长远无度,它站立着虽矮一些,躺放着却比皇爷家的要长。臣常常出入大一些的门槛,怎么不敢迈进皇爷家的

孔府后堂楼院

高门槛呢？"乾隆听后脱口赞道："爱孙不愧是圣人后裔！"庆镕九岁袭爵，一生中十九次受到皇宫赏赐。

自公主下嫁衍圣公府，乾隆曾八次驾幸曲阜，对衍圣公府始终礼遇不衰，荣宠愈加。

"明七星"同天并老

据说，孔府与天上的北斗星有一种神秘的联系。孔府的建筑特点之一是"明七星"，即府内有七座楼构成北斗七星的形状。每年八月初四，衍圣公要接北斗祭祀奎星爷，以示孔府与天上的联系不断，从而确保孔府"同天并老"，富贵无边。

孔府接北斗祭祀奎星爷的仪式既肃穆又神秘。每年八月初四的深夜，当北斗星出现在天空之际，衍圣公带上一团珍藏的五彩丝线，同一名替他接线的人秘密地前往佛堂楼，举行过简单而庄重的祭拜礼仪之后，接线人便恭恭敬敬地将五彩丝线按黄、绿、红、黑、白的顺序依次接好，表示孔府与北斗连通了，然后将接好的丝线悬挂在佛堂楼神像之前。

孔府接北斗的仪式外人是不许观望的，即使佛堂楼看守也要退出。古人信奉天人感应，认为孔子就是天上奎星下凡。北斗七星中的第一颗星，是二十八宿中的奎星；另一个奎星钟馗，变成神仙之后，住在北斗星的大熊座。孔子的后代蒙祖上遗荫，班列文官之首，于是将孔府与北斗星联系起来，形成接北斗祭奎星这一特殊的礼仪。

孔府接北斗的仪式至少在宋代就已开始。孔府内宅前堂楼的墙上有个玻璃罩子，里面珍藏着当年衍圣公接北斗时使用的五彩丝线。

|孔 林|

[宜与天地共长久]

相传孔子七十三岁那年，预感到自己天命已尽，不久于世，哀叹"太山坏乎！梁柱摧乎！哲人萎乎"之余，决定带领弟子出去勘选墓地。孔子以为墓地风水直接关系到后代的兴衰，所以他不辞辛

万古长春坊
(正面)

万古长春坊
(侧面)

劳，亲自奔波，最终选定曲阜城北的泗水河之滨，圈下一块占地18顷的墓地。子路提出："此处风脉虽好，可前面还缺条河。"孔子说："不必忙，自有秦人来挑河。"孔子溘然长逝之后，过了二百七十多年，秦始皇焚书坑儒。有人建议说："要想让儒学消亡，应当先破坏孔子坟墓的风水。孔林里没有河，如果在孔子墓前挑一道河，将他和阙里故宅隔断，孔子就不能显圣了。"秦始皇一听，马上征派徭役，在孔子墓地南面挑了洙水河，正好为孔子效劳，完成了孔子墓的最后一项工程。

如今孔林占地3000余亩，四周林墙长达15华里。林内老柏古槐，青翠苍郁，奇木异草，触目皆是，称得上是我国最大的人造园林。万木掩映之中，孔子及其后裔安息于密密麻麻、一望无际的墓冢内。六十多座楼亭殿堂坊隐现于密林，两千余尊精美的石人石兽点缀墓地，上千块碑碣和丰富的地下文物更使孔林成为名副其实的文化宝库。传为秦始皇挑出的洙水河横贯孔林，与圣脉攸关，被誉为"灵源无穷，宜与天地共长久"的河水。

孔林是我国时间最久、规模最大、保存最完整的氏族专用墓地，也是我国惟一一处木石合一的大型陵园。明李东阳有诗云："墓古千年在，林深五月寒。恩沾周雨露，仪识汉衣冠。驻跸亭犹峙，巢枝鸟未安。断碑深树里，无路可寻看。"

教泽垂千古　泰山终未颓

孔子墓位于孔林中心。进圣林门，过洙水桥，经享殿，便可看到周长里许的红色垣墙环绕墓周，墓前有巨碑篆刻"大成至圣文宣王墓"，为明正统八年（1443）黄养正所书。墓前石台系唐代从泰山运来封禅石筑成。孔子死前曾将自己离世比作泰山崩塌，而他死后成为帝王之师、万世师表，这高大的石台，正象征着孔子思想如巍巍泰山，顶天立地。孔子墓葬规格非凡、气势恢宏，连帝王之墓也要稍逊一筹，乾隆为此感叹："教泽垂千古，泰山终未颓。"孔子墓似一隆起的马背，称"马鬣封"，是一种特殊尊贵的筑墓形式。墓右为其子孔鲤的墓冢，南为其孙孔伋墓，这种墓葬布局名曰"携子抱孙"，人们说"怀子抱孙，世代出功勋"，"父在子怀，富贵永远来"。

孔子墓

此布局构成的风水对圣脉兴旺是有作用的。孔鲤系孔子独子,因他出生时鲁哀公特意送去一条大鲤鱼祝贺,孔子便给儿子起名孔鲤,字伯鱼。孔鲤先孔子而死,并无建树,因是圣人之子,故被宋徽宗封为"泗水侯",孔氏子孙尊为"二世祖"。孔伋继承孔子学说并有所发展,著《中庸》等儒家经典,故被元帝封为"沂国述圣公",孔氏子孙尊为"三世祖"。

  孔子墓的前面有供奉孔子木主的享殿。享殿与挡墓门之间是一段甬道。甬通两旁,石仪成群。其中有四对巨型石雕,名曰华表、文豹、角端、翁仲。华表矗立在墓门内侧,是进天门的标志。这对华表又叫望柱,是宋代作品,古朴浑厚。华表后有两对伏卧昂首的石

孔子墓甬道

神兽文豹和角端。相传，文豹是专司守墓的神兽，腋下喷火，温顺善良；角端日行一万八千里，通四方语言，明外域幽事，曾随孔子周游列国。翁仲传为秦代骁将，威震边塞，后来被雕刻成两个人的石像，右文左武，相对而立，共同护卫坟茔。一次，乾隆拜谒孔子墓时，走到此处，问随从的一位翰林院大学士："这石人叫什么名字？"翰林一时疏忽，答曰："仲翁。"乾隆微微一笑，随口吟诗一首："翁仲缘何说仲翁，只因窗下欠夫工，有亏朝里为翰林，贬出江南作判通。"可怜这位翰苑名流偶因一字之差，便被贬作佐杂闲曹之职了。

子贡庐墓处　弟子泪不干

孔子死后，众弟子守墓三年，相别而去，只有子贡又在墓旁守护了三年。后人为纪念此事，在子贡守墓处建三间西屋，立碑题"子贡庐墓处"。庐墓处在孔子墓西侧。

说起子贡与孔子之间深挚感人的师生情谊，当地有许多美好的传说。子贡名端木赐，江南卫国人，原是富甲一方的巨商，因为敬仰孔子的道德学问，弃商从学，很快成为孔子的十大高徒之一。他后来从政，又是风云一时的巨头，但始终极其崇拜孔子，常说："学不厌者，智也；教不倦者，仁也。仁且智，夫子即圣矣。"孔子死后，子贡从江南千里奔丧，丧事完毕，又为孔子守墓六载。这期间，他将南方稀有珍木楷树移植于其师墓旁，寄托他对老师的一腔真情。楷树木质坚韧，树干挺直，象征孔子为人师表，天下楷模。清康熙年间，子贡手植楷遭雷火焚死，康熙帝得知后，诏令重植楷树一株，并立碑刻石纪念。碑石竖刻"子贡手植楷"碑文及手植楷枯干图像，立于当年子贡挥泪植树的原址。据说每年农历八月二十七日孔子诞辰日前后，这块石碑的表面总是湿漉漉地挂满了一串串水珠，特别是碑文上水珠多于别处，而"子贡"二字处又最多；更奇妙的是水珠白天黑夜无休无止，擦掉后马上又冒出来，屡拭屡出。当地人说那是子贡为祭祀老师而伤心流泪，因此习称此碑为"含泪碑"。

子贡庐墓处

相传子贡守墓时
所植楷树

帝王勤驻跸　康熙行大礼

孔子墓东南有宋真宗、清康熙和乾隆皇帝的三座驻跸亭。"跸"是皇帝出行的车驾,此三亭为纪念三位皇帝祭祀孔子时驻跸于此而建。其中中间一座四角多棱黄瓦覆顶的碑亭是康熙皇帝的驻跸亭。

康熙二十三年(1684),清圣祖玄烨为笼络汉族士子,亲赴曲阜祭孔。孔子六十四代孙孔尚任被荐为引驾官。在前往孔林谒孔子墓时,康熙为示尊崇,下轿步行。途中一颗落蒂槲实落在康熙皇冠上,康熙虚惊过后,看到一株冠如华盖的高大槲树。此树原产关东林区,他自然熟悉不过,但他突然想试探一下孔子后裔是否忠于清廷。他问孔尚任:"孔爱卿,此树何名也?"孔尚任如照实回答,便犯称满夷槲(胡)人的大忌,对此,孔尚任很明白,于是趋前奏道:"圣上,此树为橡子树,乃先祖弟子从关东移至圣林。两千多年来,它带吉祥于圣门,使圣脉不断,圣裔延续。为此,圣门后裔把它视为吉祥的象征,故取吉祥的'祥'字谐音称为橡;其果实称为"子",是因"子"字是古代对有美德的人的尊称。孔氏世家出于敬意,故称此树为橡子树也。"康熙龙颜大悦,对孔尚任的敏捷才思赞不绝口。

在驻跸亭整理衣冠之后,康熙踏着黄毡来到孔子墓前。他凝视着墓碑上"大成至圣文宣王墓"几个大字,良久未行大礼,一言不发转回驻跸亭。陪行的衍圣公孔毓圻不知所措,找来孔尚任商议。孔尚任巡视之后,马上派人将墓碑上"文宣王"三字用黄绫裹住,再写"先师"二字贴在绫上。后来,康熙见碑上的字改为"大成至圣先师墓",立即行了一跪三叩大礼。原来,自古君拜师不拜王,康熙初见碑上"文宣王"字样,便不行拜礼,以免屈圣驾。

[圣门后世　亦有炎凉]

圣门声名显赫、百世敬仰,但世有炎凉,其后世的命运之路并非都铺满鲜花。

千古流芳孔尚任

沿环林路东行,在孔林最东北角的幽僻之处,有清初著名剧作家、《桃花扇》作者孔尚任的墓地。墓前巨碑上刻"奉直大夫户部广

曲阜孔尚任墓

东清吏司员外郎东塘先生之墓"。

孔尚任,字聘之,号东塘,自称云亭山人。他出身于书香门第,自幼颇有才名。因屡试不中,愤而入云门山隐居。他通音律、工乐府,著述丰硕。隐居期间开始创作《桃花扇》,五年后出任京官时,已"画其轮廓"。经过十多个春秋呕心沥血的惨淡经营,三易其稿,终于写成了这部反映南明王朝灭亡之恨的不朽名作。上演后轰动京师,"岁无虚日","名公巨卿,墨客骚人,骈集者座不容膝"。康熙帝也派内侍索要剧本,"午夜进之直邸"。此时孔尚任可谓春风得意,"词人满把抛红豆,扇影桃花闹一宵","方挥桃扇春无限",从这些诗句,我们不难体会出诗人的喜悦之情。孰料突然被罢官。开始,孔尚任仍留恋京师,希图再起,经友人奉劝,才"挥泪酬知己,歌骚问上天",怀着"真嫌芳草秽,未信美人妍"的激愤之情,重返石门山隐居,寄食伴书,在寂苦的景况中度过余生。

孔尚任被罢官的原因至今仍是一桩公案。从他的诗句"命薄忽遭文字憎,缄口金人受诽谤",有人推断为以文字遭祸;更多人以为是因《桃花扇》有影射现实之嫌,触怒康熙。无论何种原因,孔尚任被罢官后多年,仍未摆脱康熙淫威的迫害,以致其死后族人只好将他葬于孔林最不显眼的荒草丛中。但是,孔尚任以他卓越的才华和杰出的成就,在人民心中树起了一座丰碑。至今曲阜流传着许多有关孔尚任的传说。如说他十二三岁时,皇宫钦差用"玉皇帝不威自畏"这样怪僻的上联难住孔门后裔,孔尚任对以"孔圣人有德有斯",并想办法把钦差奚落了一番。

康熙帝驾临曲阜祭孔时,孔尚任被荐为皇上讲经,讲解《大学》首章和《易经》系辞首章。讲义本由孔尚任撰写,经皇上审阅。临讲改由孔尚任讲《大学》,其族兄孔尚铉讲《易经》。讲堂设在孔庙诗礼堂。孔尚任和孔尚铉预先入讲堂演习经筵仪式时,孔尚任抬头看到堂中悬挂着杜甫诗句"两个黄鹂鸣翠柳,一行白鹭上青天",心中大喜,悄悄拉了拉孔尚铉的衣袖说:"我们将要入朝做官了。"果然,孔尚任、孔尚铉讲经深得皇帝赏识。康熙对随从御驾的大学士王熙、明珠说:"孔尚任等陈书讲说,克副朕衷,不拘定例,额外议用。"十三天后,孔尚任和孔尚铉接到任命诏书,两人均被破格提拔,任命为正六品国子监博士。那时,正六品官员的朝服胸前缀有白鹭的图案,孔尚任想起当年的预言,自以为这是异数,为此专门写了一本《出山异数记》。孔尚任后来被提拔为从五品的员外郎,可惜只穿了三个月的白鹇补服,就被罢官回乡了。

孔尚任隐居的石门山

孔府藏孔尚任引驾图

孔宙墓群

由孔尚任墓沿林环路向西，有一座"鸾音褒德"木质牌坊，这里是乾隆皇帝的公主于氏的墓地。再往西，便是汉墓群，孔子的汉代后裔聚葬于此。其中比较著名的人物有孔宙、孔褒、孔融等。

孔宙，字季将，孔子第十九代孙，汉末著名文学家孔融的父亲，做过泰山都尉。死后他的故吏门人"陟名山，采嘉石"，为他刻制了一块墓碑，这就是闻名于世的孔宙碑。碑额文为篆书"汉泰山都尉孔君之碑"，正文15行，每行28字，赞颂孔宙的功绩；碑阴开列"门生故吏名"并籍贯，清晰可见者62人。古人谓孔宙碑书体秀丽婉约、圆浑饱满，"结构廉稳如蛰虫蟠屈，深冬静摄自卫，又如人循墙伛偻，不敢逾尺寸，而端凝质重，望之可与拱揖"，"实超前绝后第一手也"。此墓碑现与"礼器碑"、"乙瑛碑"、"史晨碑"等共同陈列于孔庙东庑。东庑所存22块汉碑，均为汉碑极品，是举世仰慕的书法珍品和文物瑰宝。

孔庙有七子，孔融排行第六，《三字经》上说"融四岁，能让梨"。孔融让梨的故事在中国家喻户晓，曲阜一带更是将此事作为楷模教育子女从小学会互相谦让的美德。孔融十岁时曾随父亲入京都洛阳，当时河南尹李膺深居简出，除通家旧好和当世名人外一概不见。孔融好奇，便跑到李府门前对门人说："我是李家的通家子弟。"门人通报后，李膺请孔融相见，但却不认识他，就问孔融和他家有什么关系，孔融回答说："我的祖先孔子和您的祖先李老君相互为师友，我和您是累世的通家旧好。"李膺和在场的宾客无不叹服其聪敏。大中大夫陈炜不以为然，说："小时聪明，长大未必是奇才。"孔融马上反唇相讥："想必你小时候一定是很聪明的。"李膺高兴地断言："孔融将来一定是很有才干的人。"果如所言，孔融入仕途后做过北海相、大中大夫等；在文学上成为一代大家，为"建安七子"之一。苏东坡在《孔北海赞并序》中盛赞孔融"以英伟冠世之资，师表海内，意所予夺天下从之，此人中龙也"，"文举在天，虽亡不死"。孔融因反对儒家的父子伦理，被曹操加以"败伦乱理"的罪名而满门抄斩。

孔融的哥哥孔褒是为朋友而死的。相传他的好友汉代名士、八俊之一张俭因得罪当朝权贵、宦官侯览，投奔孔褒。孔褒不在，十六岁的孔融作主将张俭藏匿家中。事情泄露后，孔褒、孔融双双入狱，罪当斩首。兄弟二人争着承担罪名，其母也说自己作为家长应受处罚。一门争死，地方官无法处理，只好上报皇帝裁决，最后孔褒被杀。

才士荒冢

孔林大门外的路边野地里，有一座长满枯草的荒冢，里面埋葬着清代大书法家孔继涑。这位才华超人、成就蜚然的孔氏后裔，死后尸骨为什么没有按规矩进入孔林呢？

孔继涑是孔子六十九代孙，自幼好学，潜心于书法研究，初学清代书法家张照，后学宋代四家。在他居住的十二府内，专门修建了一座玉虹楼作为书斋，曾十二年不下楼，发愤苦练，搜集历代名家书法精工雕刻，制成玉虹楼法帖五百多块，被视为孔府的传家之宝，镶在孔庙东、西庑的北端，在中国历史文物中也是难得的珍宝。据说乾隆到曲阜时，孔继涑把《大学》首章第一篇写成四副条幅，字大如核桃，笔笔透纸；然后请人雕刻成四副石联屏，立于孔庙金声门左侧。乾隆经此，为石屏上的字迷住，反复品味，连声说字写得好，称得起写家。君无戏言，从此孔继涑一举成名，与江南梁同书有"南梁北孔"之称。

孔继涑虽才华绝代，但一生却充满不幸。据说最初北京皇宫里有人在晚上发现代表皇帝命运的紫微星座发暗，这预示天子将有厄运；而紫微星座附近的一颗星特别明亮，巫师卜算说此星代表山东某人，将取皇位而代之，后来又确认此人是孔继涑。皇上派人到十二府查抄时，发现十二府房屋依八卦而建，其中九间正房房脊连为一体。这在当时是犯大忌的，于是立即拆断房脊。另外还挖开孔继涑父母的祖坟，发现坟左右各伏有一虫，虫似龙，各缺一爪，巫师说龙爪长齐时孔继涑即可篡位为真龙天子。孔继涑就这样背上反叛朝廷的罪名。孔氏族人也趁机找到所谓孔继涑企图篡夺衍圣公之位的证据，那便是孔庙大成殿前的柏树正枝不旺，而侧枝茂盛，说这都是孔继涑"念咒语发二枝"的结果。最后孔继涑成了孔府的逆子、朝廷的罪人，死后不得埋入孔林，而且棺材用铁链锁着葬在孔林外野地里。

现在，曲阜百姓不但妇孺皆知孔继涑其人，而且都能讲出几桩孔继涑的轶闻。曲阜有一奇景：孔林和孔庙的神道两旁的数百株古老柏桧，全没有树顶，粗大茂盛的树枝均长在树干周围，当地人都说这与孔继涑和孔尚任有关。论能力学问，这两人完全有资格继承衍圣公的职位，只因他们不是长门裔孙，所以不能就任此职，上苍颇感不公，便命土地神把神道上的柏桧一律削顶，以暗示孔氏家族正支衰败，偏支兴旺。在百姓心目中，孔继涑和孔尚任都是孔氏家族的大贤大儒。

[孔林多奇事　风水关国运]

古木参天的孔林里，有许多奇异的景物和有趣的传说，其中最奇特的莫过秦代"空坟"。"空坟"又叫"油篓墓"、"牛栏坟"、"孝子坟"、"喜坟"。这种坟墓口小穴大，内置坐卧设备，供活人居住。相传秦朝时人到六十要活埋，子女不愿活埋自己的父母，就挖这种"油篓坟"，让老人住在里面，每天夜间子女用竹篮子吊着饭肴给老

孔林

人送进去。另一种说法是，秦朝有一种刑罚叫"坑埋"，家中长者若触犯刑律，处罚方式即坑埋。孔氏后裔不忍亲人被坑埋，花钱买通官吏，获允回家自坑，于是便出现了"空坟住活人"的奇观。当时孔氏家族中这种坟墓很多。

孔林的风水被视为与"国运"攸关，"断不可轻言更改"。光绪三十年（1904），津浦铁路的勘测计划中预定经孔林西墙附近，因七十六代衍圣公孔令贻向朝廷呈文说铁路将"震动圣墓"，"破坏圣脉"，结果只好让铁路绕个大弯，逶迤而行。

孔氏家族对孔子墓也有许多神奇的传说，比如说，皇帝的墓一般是正北，因此只能是一朝一代的贵族；孔子的坟不是正北，而有点斜，所以能保住子子孙孙，使孔氏家族千年不衰。又说，孔子的坟上杂草不生，是因孔子死后有灵而显圣的结果。

孔林里的水草木石都被认为是有灵性的。从前卜筮要使用蓍草，人们说用孔林里的蓍草占卜最灵验，于是孔林这种开白色小花的野草便成了算命先生梦寐以求的神物。孔林里还遍地长着灵芝，林外却一点不长。孔林里的林芋更是一绝，这种野山芋可以充当粮食，人们说这是祖先的"恩德"，过去曾是孔府给皇宫的贡物。

|孟 庙|

[继往开来怀亚圣]

孟庙又称亚圣庙，坐落在邹县南关街，是祭祀中国古代伟大的思想家、教育家孟子的庙宇。

孟子，名轲，鲁国邹人，受业于孔子的孙子孔伋（子思）。曾游说梁惠王，不见用；又去见齐宣王，虽受礼遇，仍不被重用。晚年回故里著书授徒，有《孟子》七篇传世，充分发挥了孔子关于仁义的思想，是孔子之后最有影响的儒学大师。在儒家学说的发展中，孟子承前启后，继往开来。他的重民轻君之论、性善养气之说，在中国思想史上独树一帜，震烁古今。历代学者以为，精通儒学必自孟子始。因此自古以来孔孟并提，孔子为圣人，孟子为亚圣。

亚圣坊

孟子死后葬在故乡。至北宋景祐四年（1037），孔子四十五代孙孔道辅知兖州，访孟子坟墓，得之于邹县东北的四基山西麓，遂建庙墓旁。元丰七年（1084），朝廷赐钱三十万，增修墓庙，购置祭田。宣和三年（1121）将孟庙迁到邹县城南关。元代加封孟子为邹国亚圣公，以后不断增修扩建孟庙和孟子墓。现存建筑为清康熙年间地震后重建，有大殿七间，院落五进，占地六十多亩。庙内有碑碣石刻三百五十多块，著名的有元代仿刻的李斯峄山碑、唐欧阳询的《苏玉华墓志铭》等。与孟庙毗邻的亚圣府初建于宣和年迁庙时，到明代形成相当规模，现存四进院落，一百一十六间殿堂门庑。孟子墓地于康熙时发展为占地近6000亩的孟林，林内古木参天，有享殿五间，殿后为孟子墓。

古井奇传录

孟庙第三进院落东侧，坐落着康熙御碑亭。亭内康熙《御制孟子庙碑》的碑座是一只狮头、龟盖、鹰爪、蛇尾的石雕怪兽，名叫"霸下"。传说霸下是龙的第六子，喜文，好负重，力大无穷。此处霸下身下有一眼深不可测的古井，霸下置身井口，两端仅擦井沿。然而，数百年来历经大小地震，霸下却始终稳居原处，令人称奇。

在当地的传说中,这眼古井连通东海,若是海水倒流,井水上窜,邹县城区将是一片汪洋。为镇住海水,人们费尽心神资财,却收效不大。自三百年前霸下在此守井,当地再无水灾之患。于是霸下便成为主宰邹城安全的水神和当地人心中的偶像,每年正月十六这一天,百姓为霸下举行祭祀庙会,焚香上供,祈求霸下保佑降福。

亚圣殿前还有一眼神井,名叫"天震井",井旁立有两通清代石碑,其中一通刻有这样一段文字:"康熙十一年春,庙会演戏,充天之下,突震声如雷。有观会者坐夫子殿下,闻震惊讶失色,环望久之,见阶右地陷,熟视之,乃一井也。"据孟府珍藏《三迁志》说,天震井又名公平井,是上苍特意赐与孟庙的,因为孔庙内有孔子故宅井,曾子庙内有涌泉井,颜庙内有陋巷井,惟独孟庙内无井,上苍甚觉不公,以为孟子作为亚圣,是仅低于至圣孔子的仁人贤哲,唐代韩愈甚至提出孟子"功不在舜禹之下",所以孟子应与其他三圣享有同等的尊荣,于是便出现了这座天赐神井。

英灵化神珠

孟庙的主体建筑是亚圣殿。据记载,这座大殿经金、元、明、清各代重修38次之多。现存建筑是康熙年间大地震后重建的。大殿七

亚圣殿

孟庙孟子塑像

楹殿室，雕梁画栋，重檐飞角，周围由26根巨大的八棱石柱支撑，下以石鼓和覆莲为承托。大殿内朱红梁柱顶天立地，气势雄伟。迎面的抱柱对联是："尊王言必称尧舜，忧世心切同禹颜"，系乾隆手书。殿正中高大的神龛内供奉着九旒九章冠服的孟子塑像。据称殿顶藏有一颗夜明珠，乃孟子英灵所化，无人能够找到，而每当夜幕降临，便辉耀大殿，使殿内呈现一圈灿烂夺目的光环，仿佛大殿的每一处边沿都装饰着光芒闪烁的金条。当地百姓说，这种奇妙的景象，连北京故宫的金銮殿里都没有。因为皇帝只是当朝当世受天下注目；而孟子继往开来，遗泽千秋，世代受人敬仰。因此，金銮殿只在白天闪光，亚圣殿则日夜神光生辉。

亚圣庙是一座珍贵的历史文化宝库。亚圣殿前的两庑内收藏着一百多块汉画像石，画面内容丰富，雕刻精细，风格古朴，是研究两汉历史与艺术的宝贵资料。寝殿前三株古桧鼎足而立，据说是宋代初建孟庙时所植，距今已有八百五十多年，依然枝繁叶茂，生机勃勃。有趣的是西南角一株树干的鸟洞里竟生出几株枸杞，绿叶红果，摇曳多姿。当地传说，这三株古桧早已有之，孟庙的兴建，就与三桧有关。北宋时候，仁宗皇帝一夜忽梦有凤凰自北飞落邹邑城南的三棵桧树上，不住地跳跃鸣叫，稍后有人为其建巢于树上，凤凰便安静下来。仁宗醒来，知是孟母托梦，意欲兴建孟庙，所以在第二天早朝时召集文武百官廷议此事。仁宗问："邹峄之邦有孟子庙乎？"对曰："未也。"仁宗道："即刻在城南三桧树处建庙，不得有误。"圣旨一下，不久便建起了孟庙。

孟子故宅

[孟母教子扬美名]

孟子降生之地在曲阜城南的凫村，现村内有孟子故宅、孟母井等古迹。"孟母三迁"等许多孟母教子的故事，千古传为美谈。

孟母三迁

据说孟子开始居住的故宅附近，有一片墓地，每逢丧事活动，孟子便与乡童模仿送葬仪式做游戏。孟子三岁丧父，孟母深知这样的环境对儿子成长不利，便毅然搬迁到庙户营。这里是一个热闹繁华的集镇，孟子又学着商贩叫卖取乐，孟母再次搬家，迁到邹县城内，即今孟庙所在地。据孟府珍存的《三迁志》记载，战国时代这里是一所学宫，述圣孔伋（子思）任教于此，聚集了一批知书达理的士人，孟子在这样的环境影响下，开始喜欢读书习礼。

孟母对孟子成为一代文化巨人的确起到了极为重要的作用。凫村至今流传着孟母古桥教子的佳话。孟子故宅前有一条白马河，孟家吃水要过河到孟母井汲水。孟母便千辛万苦地修筑了一座桥。一日，孟母过桥访友，正在桥上玩耍的孟子问孟母去何处，孟母随口说："给你买肉吃去。"说罢孟母很后悔，她想话已出口，不能更改，更不能言而无信，以免给儿子幼小的心灵造成不好的影响。于是她放弃访友专门到肉市上买回了肉。后人称此桥为"圣母桥"，并有歌谣唱道："孟母修桥立河中，故宅故井相沟通。若无圣桥作纽带，岂有儒家《孟子》经。"孟母断机劝学的故事也很有名。孟子小时候学习不用功，一天他放学回来，孟母正在织布。她把儿子叫到跟前，剪断织布机上的布，对儿子说：读书如织布，须持之以恒；如果半途

孟庙
"孟母三迁祠"碑

孟庙
"孟母断机处"碑

而废,就像断布不能复接,学习也永远不会有所成就。从此孟子刻苦攻读,孜孜不倦。今孟庙内尚存"孟母断机处"碑。

孟母林

孟母林在凫村东,是孟子父母及部分后裔的墓地。孟母林坐落于马鞍山麓,林地达万余亩。林内广植松、柏、桧、槐等古树数以万计,山上山下古冢累累,是一座罕见的氏族专用墓地。

孟母林内有享殿、文昌阁、望峰亭等古建筑。享殿是祭祀孟母倪氏的地方,殿后立清碑一通,上刻"启圣邾国公端范宣献夫人神位"。殿西60米处为孟母墓,封土高约4米,周长约65米,墓前有

孟母断机教子图
清
宋旭

孟母断织教子图

鄒孟軻之母也號孟母其舍近墓孟子之少也嬉遊為墓間之事踴躍築埋孟母曰此非吾所以居處子也乃去舍市傍其嬉戲為賈人衒賣之事孟母又曰此非吾所以居處子也復徙舍學宫之傍其嬉遊乃設俎豆揖讓進退孟母曰真可以居吾子矣遂居之及孟子長學六藝卒成大儒之名君子謂孟母善以漸化孟子之少也既學而歸孟母方織問曰學所至矣孟子曰自若也孟母以刀斷其織孟子懼而問其故孟母曰子之廢學若吾斷斯織也夫君子學以立名問則廣知是以居則安寧動則遠害今而廢之是不免於廝役而無以離於禍患也何以異於織績而食中道廢而不為寧能衣其夫子而長不乏糧食哉女則廢其所食男則墮於修德不為竊盜則為虜役矣孟子懼旦夕勤學不息師事子思遂成天下之名儒君子謂孟母知為人母之道詩云彼姝者子何以告之此之謂也

乾隆二十八年歲次癸未臨池揚洽泉月曉濂生書於西子湖頭讀畫樓牛渚

元代元贞二年（1296）立"孟母墓碑"一通，另有"大明邾国端范宣献夫人之墓"碑一通。据史书记载，孟子在齐国讲学，被尊为稷下学派的"列大夫"，有了优裕的生活条件后，便把孟母接到齐国。孟母死在齐国，"孟子自齐葬于鲁"，葬礼相当隆重，使用了士大夫才能享用的"五鼎之礼"，棺椁衣衾都很精美。孟母与早已去世的丈夫孟孙激合葬在一起。这一年孟子年四十五，他以此年为一生中最不幸的时候。孟子后裔为避开孟子四十五岁丧母之痛，讳言四十五岁，人到四十五岁对别人称四十四岁或四十六岁，成为代代相传的习俗。

孟母因"教子有方"、"育子成才"，受到历代王朝的尊奉、崇拜。唐天宝七年（748）立祠祭祀。宋延祐三年（1316）被追封为"邾国宣献夫人"。元、明、清各代均有封赐之举。

|金雀山汉墓|

[出土简牍解悬案]

金雀山、银雀山紧靠临沂县城南墙，两地东西毗邻，已发掘汉墓十余座，大都为西汉前期竖穴木椁墓，一椁一棺居多。普遍随葬成套陶鼎、盒、壶，有的还髹漆衣。如银雀山四号墓的双层七子奁，制作精致、线条繁缛。金雀山九号墓木棺上所覆帛画，画分天上、人间、地下三部分，内容描绘墓主人起居、宴会及纺织、乐舞、角觝等场面，构思与马王堆一号墓帛画略同。在发现的随葬器物之中，以银雀山一、二号墓出土的竹简最具历史价值。

一号墓出土竹简（包括残简）四千九百多枚，内容包括《孙子兵法》、《孙膑兵法》、《六韬》、《尉缭子》、《管子》、《晏子》、《墨子》等周秦诸子。《孙子兵法》简书三百多枚，十三篇均有文字保存，已发现篇名与宋刻本《十一家注孙子》基本相同。《孙膑兵法》四百四十余枚，一万一千多字，可以肯定为"孙膑兵法"的有《擒庞涓》、《见威王》等十五篇。据《汉书·艺文志》载，《孙膑兵法》八十九篇，图四卷。现整理出版的《孙膑兵法》共三十篇，一万一千多字。

由于竹简严重残缺，难以看出原书全貌。从现已整理出版的内容可以看出，简书《孙膑兵法》与《孙子兵法》十三篇有所不同，并有所发展。

简书《孙膑兵法·擒庞涓》记庞涓于桂陵之战被擒，而《史记》中《魏世家》、《田敬仲完世家》、《孙子吴起列传》等载梁惠王二十八年（前353）桂陵之战均未提及庞涓，而在此后十三年（前341）的马陵之战，称庞涓战败"自刭死"。《战国策·齐策一》则载"田忌为齐将，系梁太子申，禽庞涓"。简书《擒庞涓》的出土，澄清了这桩悬案。

《孔子兵法》和《孙膑兵法》简书同时被发现，在中国古代军事史上有很大的意义。而长期以来存于这两部书的一些悬疑，也因之得以澄清，这又是学术研究上的重要收获。

二号墓出土《汉武帝元光元年历谱》竹简三十二枚，为迄今所知我国最早、最完整的古代历谱。历谱所记晦朔干支，是年十二月、正月均蝉联大尽，而宋《资治通鉴目录》误以为小尽，以致二月至八月晦朔干支均差一日。另外，该竹简的出土，证实汉太初以前使用的是《颛顼历》，从而可重新推算、检验、校正汉初的朔闰表。

第二编 泰山之旅

| 泰 山 |

[五岳独尊]

　　泰山位于山东省中部,绵亘于泰安、历城、济南、长清之间;西俯华北大平原,东眺大海;黄河、泗水、大汶河等诸多水系襟带四周;总面积462平方公里,主峰天柱峰海拔1545米。

泰山"五岳独尊"刻石

山至泰山　天下无山

泰山巍峨多姿，气势雄奇，古迹荟萃，在五岳中号称东岳。由于地理、历史、文化等方面的原因，泰山自古以来便被尊为五岳之首，享有五岳独尊、天下第一山的盛名。

泰山的实际高度位居五岳第三位，但因凌驾于辽阔无垠的平原丘陵之上，给人以强烈的突兀感，显示出擎天捧日之姿、拔地通天之势，所以古人有"登泰山而小天下"、"会当凌绝顶，一览众山小"的赞叹。

泰山以天柱峰为中心，四周山峦层叠蜿蜒，且海拔均在1000米上下，众峰拱岱，使主峰更为陡峻高旷，也使泰山在总体上构成安稳感、厚重感，因此有"稳如泰山"、"重如泰山"、"国泰民安"、"泰山压顶"等等说法，泰山成为雄伟、庄严的化身，是崇高品德、坚强意志的象征。

泰山的自然景观由主峰向外延伸，呈放射状分布。主要景区包括岱庙、岱麓、东路、西路、岱顶、岱阴、神通寺、娄敬洞山、灵

岱庙坊

岩寺、徂徕山等，有山峰一百五十座，崖岭一百三十多处，洞穴六十余孔，奇石五十余块，溪谷一百二十余条，瀑潭五十余处，清泉五十余眼；不同景区或雄、或奇、或险、或秀、或幽、或奥、或旷，风格各异，独擅形胜，真可谓是一幅壮美的山水画卷。

泰山又是一座蕴藏极为丰富的博物馆。悠久古老的泰山文化异彩纷呈、驰名于世，被列入"世界遗产"名录。各景区计古树名木二万余株，古寺庙二十八处，古遗址一百一十处、碑碣一千多块、摩崖刻石一千一百余处。人文景观与自然景观协调融会，相映生辉，堪称大自然的鬼斧神工与中华民族伟大创造力完美结合的典范，因而古人有"山至泰山，天下无山"的赞语。

自然造化　万民崇拜

泰山所处位置在地质历史上的太古代本是一片汪洋大海，后来，由于造山运动，古泰山逐渐由海槽升出海面。经过漫长的沧海变桑田的地质构造运动，泰山几起几落，终于崛起独立，傲然展现于人世。因此，虽说泰山最终形成距今不过三千万年，但泰山杂岩却已有十五亿年的高龄，是地球上最古老的岩石之一。正如有人所言："泰山石有如此高龄，不仅是一种艺术珍品、优质石料，从某种意义上说，也是一种无价之宝。由它构成的泰山更显得庄重而伟大，让人们尊崇和敬仰。"

大自然的鬼斧神工，使泰山巉岩峥嵘，谷幽壑深，嵯峨峻拔，壁立千仞。尤其是泰山南侧，从山麓的泰安城至山巅的玉皇顶，相对高差竟达1392米。陡峭的山崖俯临宽阔的汶河谷地，使人油然而生峻极于天之感。

泰山本为"大山"、"太山"，因在遥远的洪荒时代泰山周围已是古人类繁衍生息的中心之一，山南大汶口文化和东侧龙山文化即为明证。而泰山又是该地区最高之山，人们望之刺天入云，气象非凡，以为是接近天神的最佳阶梯；泰山之高大厚重，又使人视为地祇的最合理居处，于是泰山成为先民崇拜之神山。由"太山"繁化为"泰山"，一字之差，却反映出某种敬仰心理。在古典文献中，泰山还称岱山、岱、东岱、岱宗、乔岱等，"岱"含有世代、禅代之意义，因

岱庙厚载门

泰山为东岳,依五行学说,东方属木德,代表一岁之首的春季,主万物孕育,故《风俗通义》说:"泰山之尊,一曰岱宗。岱者,始也;宗者,长也;万物之始,阴阳交代,……故为五岳之长。"汉武帝在泰山建祀庙和神仙道,汉人称死为"名归泰山录",后人便以为泰山主管天下亡魂,如《博物志》云:"东方万物始成,故知人命之长短";"泰山一曰天孙,言为天帝孙也。主召魂"。汉乐府《泰山吟》、《梁父吟》、《蒿里曲》等挽歌均涉及魂归泰山之事。因此,泰山又以其浓厚的宗教色彩而为大众所祭拜。

人们在尊崇泰山的同时,还把它当作辟邪祛灾的神祇。泰安城乡的街口村头,触目可见刻有"泰山石敢当"的碑碣;全国各地乃至穷乡僻壤从前也曾风行以此石刻镇妖祈祥。关于泰山石敢当的来源,民间流传着许多优美的故事,大致可归为以下几种说法:

其一,石敢当乃一见义勇为的驱妖人,本住泰山脚下,以测字算卦为生。他侠肝义胆,善于降妖,故名闻遐迩。四方之人纷纷前来邀请,石敢当难以应付,遂教人以泰山石刻"泰山石敢当"来辟邪。此法简便有效,于是就流行开了。

其二,泰山与石敢当本为两挚友,后来泰山中举高升,石敢当却因家境贫寒而被迫辍学。他先是在家奉养双亲,父母故去后又独

岱庙东岳大帝像

自一人漂泊四方。一日巧遇泰山,被请进府中待为上宾。石敢当不愿给朋友增添麻烦,又不愿违背朋友的盛情,就在泰山因公出差时自杀了。泰山回来后痛苦万分,也上吊自尽。后人有感于此,遂刻石纪之。

奇幻优美　泱泱大观

　　流传于泰安一带的有关泰山风物的神话传说,神奇浪漫,丰富多彩。诸多历史文化名人在泰山留下的奇闻轶事,也为当地人所津津乐道。

泰山一带传说百工之祖鲁班爷经常化作一位白胡子老头帮助人们。当年泰山顶上修好碧霞祠大殿后，有两座铜碑、两座玉碑要从山下运上去，碑重山陡，匠人们无计可施。鲁班便显身教匠人依山势搭架子，把巨碑吊起来移上了山。岱庙正阳门处矗立着一座2丈多高的石头牌坊，据说是鲁班点化石匠们用堆土筑台的方法修成的。"有眼不识泰山"这句成语也与鲁班有关。原来这里说的"泰山"是泰山脚下一农夫之子，拜鲁班为师学习木工，由于喜欢别出心裁而被鲁班赶走了。一年后鲁班为造云梯到泰山买柏木，在市场上看到一种精湛巧妙的竹制家俱，一打听，知是当年被自己赶走的徒弟泰山所造，自愧弗如，慨然而叹："吾有眼不识泰山。"

泰山之阳有汶河倒流的奇观。当地百姓传说汶河水本来也是东流的。一年秋天，东海里的鲤鱼精到汶河游玩，看到岸上一个英俊的放牛郎，于是化作美女与小伙子相会。此事被东海龙王得知，遂施法术令汶河改向，使鲤鱼精无法再回东海，鲤鱼精便与小伙子结为夫妻。又相传汶河西流本为供王母洗浴用。东海龙王令管辖汶河的小青龙将汶河改道，并派自己的三女儿前去督察。小青龙告知三姑娘河水改道将冲毁两岸沃野，使无数百姓无家可归。三姑娘遂与小青龙共同镇守汶河，龙王的计划没有得逞。"古今闻名膏腴地，齐鲁必争汶阳田"，百姓感念三姑娘厚恩，在汶河下游建三娘庙。

泰山的风味特产极多，与之相关的传说故事也很多。著名的泰山四大名药何首乌、四叶参、黄精、紫草之中，何首乌相传是因何翁还童的故事而得名。何翁名何立德，住在泰山脚下何家村，家境贫寒，靠采药为生。一日他与儿子到泰山后石坞采药，突然发现了一种形似野地瓜的东西，何翁正值腹中饥饿，便把它生食了。不料食后他本来花白的头发胡须都变得乌黑，人也年轻了许多。从此，人们便称这种药材为何首乌。泰山名产赤鳞鱼相传是人参仙女的泪珠所变。人参仙女经常把人参送给一个年轻英俊的山民，让他为百姓治病。此举被一财主得知，财主便杀害了小伙子，冒充他前去骗药，却被仙女识破。仙女为小伙子的死而伤心不已，终日啼哭，泪珠落到山崖上，就长出了百种草药；泪珠落进山泉水潭，就变成了赤鳞鱼。

云岭水风图
清
王建章

[山高水长]

　　名山大川皆有其特色，泰山山水之特色可以"山高水长"四字概括。

群峰争傲水潺湲

　　泰山主峰玉皇顶雄峙入云，周围有望府山、瞻鲁台、莲花山、大观峰、日观峰等诸峰拱卫；由东路登山有回马岭、中天门、万丈碑、对松山、十八盘、南天门、月观峰等陡峰峭壁；沿西路至中天门有扇子崖、傲徕峰等危崖峻峰。由岱顶环望，可见徂徕山巍峨耸立；蒿里山似灵龟卧伏；玉符山层峦嵯峨；五峰山绵亘错列；娄敬洞山如老龙蟠曲，又似佛座莲台；昆瑞山苍柏叠翠。

　　在群峰之间，溪谷纵横，飞流叠瀑，众多水系给群峰增添了动态美和音乐美。三条著名的山溪即中溪、东溪和西溪沿绝崖峭壁腾跃呼啸，跌宕而下，沿路构成飞瀑幽潭、明沟暗泉的高山流水景观。东路可听铿鸣金石之泉声，赏三潭叠瀑之美景；西路则急湍奔注，气势不凡。尤其是向有福地洞天之誉的黑龙潭景区，三条瀑布悬挂于百丈断崖，声若雷鸣，远望犹如白龙探涧，因此获得"云龙三现"美称。清人玉构题联曰："龙跃九霄，云腾至雨；潭深千尺，水不扬波。"白龙池则以优美的传说而独享盛名。相传此池为东海龙王幼子小白龙镇岱治水之所，故汉唐至宋历代帝王均派重臣来此池投金龙玉简，焚烧御香以祀龙祈雨。相传白龙神曾变作一英俊少年到岱南田家打工，田父见其勤劳忠厚，就把小女许配于他。白龙每夜溉田，却从无辘轳声，邻人疑惑，便于夜间偷窥，只见白龙数丈，银鳞万点，寒光夺目，入井吸水后喷吐透畦。窥者见此惊骇至极。白龙知事已泄露，即与妻告别："我家住傲徕峰百丈崖下。"遂化龙飞去。这神秘的龙潭云烟吞吐，轰雷掣电，古人誉为"龙洞甘霖"，列泰山八景之一。明人袁稔题白龙池诗赞曰："白龙之潭，渊渊莫测。有祷则应，沛降甘泽。粒食生民，四境既宅，灵承神休，永祀功德。"

　　东西两路会合后首先映入游人眼帘的便是云步桥。这里悬桥如虹，飞流似练，形成"云桥飞瀑"的壮观景色。明诗"百丈崖高锁翠烟，半空垂下玉龙涎。天晴六月常飞雨，风静三更自奏弦"形象

甘谷菊泉图轴
清
郑板桥

地描绘了云桥飞瀑的魅力。

千变万化的高山险峰,色彩缤纷的溪瀑池潭,使泰山的自然景观充满了神采妙趣。

盘路风云入翠微

从岱宗坊出发,沿东路拾级而上,过壶天阁之后,山势陡峭,峰回路转。至此马不能登,故名回马岭,又称石关、瑞仙岩。旧传宋真宗至此,见山势奇险,拨马而回;或传东汉光武帝、唐玄宗至此回马。岭东为十峰岭,因夏云奇多又称"云岩"。

中天门又名二天门,这里高岭拦壑,土色黄赤,名黄砚岭,为中溪源头。中天门是泰山主峰的屏障,又是东西两路交汇点。在此观岳,上可仰视岱顶,但见叠岩翠嶂,云烟横锁,飞龙岩、翔凤岭仿佛是典雅的画屏,十八盘垂挂双峰之间,南天门则酷似神阙仙阁,半隐于云雾之中,林茂泉飞,缆车凌空;下可俯瞰如画美景,但见傲徕雄峙,徂徕似丘,汶水南带,平畴无垠。中天门楼阁簇拥,登临朝观日出,夕眺晚霞,故有"来到中天,见了泰山"之说。清孔宪彝题刻:"长风莽荡日曈昽,回指天门又几重。云海平销三万里,朗吟人在众高峰。"

过中天门有快活三里,又名快活山。久登盘道,忽逢坦途,气爽景幽,舒畅欢快。西为拦住山。相传在此住过一对恋人,男名梁秋,女名阳春。梁秋因患麻风病被送至此山,阳春誓死相守,不幸同染恶疾。两人须发尽脱,奄奄待毙,遂准备跳崖殉情。他们真挚的爱情感动了天神,天神遂使之痊愈。这座山没有拦住爱情,却拦住了死亡,因而得名拦住山。山腰横耸一峦,似悬似系,名弄月岩。

快活三里北首为云步桥,过桥有五大夫松、朝阳洞等景点。朝阳洞东北绝壁名御风崖。传说乾隆帝在此见壁立如削,高旷似屏,崖上古松蟠郁,仪态万方,不禁诗兴勃发,作《朝阳洞》诗并命刻于崖上,后称万丈碑。

过朝阳洞,经对松山,便来到有"天门云梯"、"云路千盘"之称的十八盘。东汉应劭曾描绘道:"仰视天门,窔辽如从穴中视天,……前人相牵,后人见前履底,前人见后人顶,如画重累人矣。"

泰山十八盘

由十八盘下上望,天门如悬空天上,十八盘似云梯倒挂。古人登十八盘,享惊险之喜外,还有许多感慨,如"仰不愧于天,俯不怍于人"便是古人由十八盘而体验到的人生哲理。

登上"万仞劈险关,云梯架南天"的十八盘,南天门确如通天的大门,门两侧石刻对联大气磅礴,声震山河:

> 门辟九霄仰步三天胜迹,
> 阶崇万级俯临千嶂奇观。

南天门旧称三天门,为岱顶关阙。据《天门铭》记载,元代道教首领张志纯首创此门,"经构累岁乃成"。如今,南天门与十八盘被视为泰山的象征。古人赞曰:"睥睨千峰下临无地,发育万物峻极于天。"

万古此山先得日

游岱顶自南天门始,南天门西是月观峰,取意月出庚明。天晴月朗之夜,由此峰可远眺济南灯火,故又名望府山。望府山原称望夫山,传说古时一女子被官府霸占,其夫也被打死。女子请求前去向丈夫的遗体道别,趁机跳崖殉夫。她哭夫跳崖之处,便是望夫山。每当云雨初霁、夕阳西下时,置身月观峰,远望西北天边,只见黄河像一条金色的带子,河水反射到天边,形成蜃景,称作黄河金带。清代诗人元枚诗云:"一条黄水似衣带,穿破世间通银河。"

由南天门向东北延伸是一段坦途,名天街。这条别开生面的天上街市北依悬崖,南临深谷,凉风习习,白云飘浮。街上殿宇毗连,错落有致,或富丽堂皇,或古朴典雅。站在街上,俯览群山若丘,仰观苍穹如幕,人高云低,大有举手扪天之势。

天柱峰是泰山的最高峰,因峰顶建有玉皇观而得名玉皇顶。此峰号称泰山极顶,是岱顶风光的精华与象征。这里有极顶石,原被玉皇观覆盖,明代隆庆六年移观于巅北,使极顶石重见天日。玉皇观大殿内供奉玉皇大帝神像,观西北有古登封台碑,是古代帝王封禅之地。观东为日观亭,亭内可望旭日东升和晚霞夕照两大奇景;观西为望河亭,亭内可望黄河金带和云海玉盘两大奇景。天柱峰首出万峰,气通帝座,如玉皇殿门联所言:"地到无边云作界;山登绝顶我为峰"。

日观峰在天柱峰东南,因此峰可观日出而得名。泰山观日出为无数人所向往,不过在岱顶能看到日出的机会并不多,只有夏至前后的三十来天和冬至前后的四十五天左右能在日观峰见到海上日出。如今日观峰东侧有观日长廊,亭廊衔接,似仙阁矗立,为观日出的理想场所。峰北有巨石横出,名拱北石,俗称探海石。石长6.5米,上有"绝妙"、"船石岩"及明人题名等石刻。作为泰山观日出的象征,它已成为泰山主要标志之一。传说探海石原是探海针,由两片石头组成,后来被泰山顶上的王灵观(即巡逻泰山的神)用十八节钢鞭把探海针打落了一片,那一片落到海底,只剩下了上边一片在那里伸着,成为现在的模样。据说站在这块石头上可遥望渤海,故又称"探海石"。于日观峰观日,夜半可见浴日弥望,海水色若铺金,海岛溪山在绿色微茫中如同掣电。"金色渐淡、日轮浮动,水中如大玉盘,适海滨望而见海,日是也。"这是魏庄渠所描写的泰山日出。

泰山玉皇顶

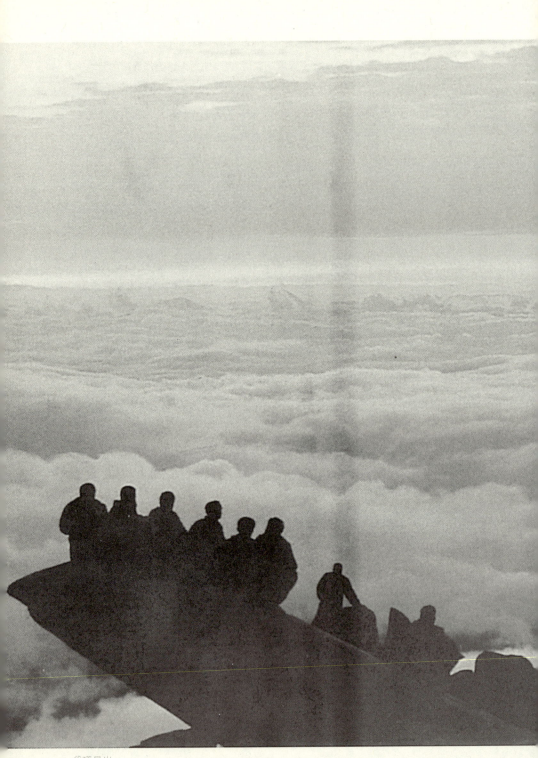

岱顶日出

李兴祖诗："才听天鸡报晓声,扶桑旭日已初明。苍茫海气连云动,石上游人别有情。"也描写了日出奇景。

观日峰东为鹰愁涧,烟云缥缈,深不可测,水东北流,入岱阴洗鹤湾。涧东岸北崖有古洞深敞,川林僻旷,尘迹罕至,俗称仙人场。其北为空明山,中穴通明,日光穿午。

扶桑旭日临岱顶

泰山气象万千,瞬息万变,大自然为岱顶制造了旭日东升、云海玉盘、晚霞夕照、黄河金带、碧霞宝光、隆冬雾凇等奇观。

旭日东升是泰山最迷人的奇观。拂晓,天朗气清、万壑收暝、千岩送晓,一线晨曦由灰暗变淡黄,又由淡黄变为桔红。继而,天空云朵赤紫交杂、瞬息而变,但见满天彩霞与地平线的茫茫雾气连为一体,云霞雾霭相映,岚光宝气交辉。顷刻间,金光四射,群峰尽染。海面半吐半吞、欲上而止,恍惚跳荡,仿佛有二日捧出。明代于慎行在《登岱记》中言:"顷之,平地涌出赤盘,状如莲花,荡漾波面而烨炜不可名状,以为日耶!又一赤盘大倍于先所见,侧立其上,若两长绳左右汲挽,食顷乃定。"

云海玉盘多出现在夏秋两季。早在战国时,《公羊传》中就说泰山之云能雨遍天下。古人云:"万古此山先得日,诸峰无雨亦生云。"泰山之云,千姿百态,变化无穷:有时白云滚滚,如浪似雪;有时乌云翻腾,似翻江倒海;有时如千里铺絮;有时若大海连绵;有时白云缠绕山腰,状如达官贵人腰间玉带,这便是云海玉盘。

黄河金带,是岱顶另一大奇观。每当雨过天晴,夕阳西下之际,漫步岱顶,仰观西天残云如峰似峦,霞光穿云破雾,五彩缤纷:天际、云海、峰峦尽在燃烧,湖泊、溪流俱成火海。若新霁无尘,举目西眺,层层峰峦的尽头,有时还能看到一条金色的带子:黄白相间、金银织就,波光粼粼,莹莹烁烁,这就是黄河金带。

碧霞宝光因多出现在碧霞寺东、西、南诸神门外的云雾中而得名,俗称佛光,也是岱顶一大奇观。民间传说是碧霞元君显灵,其实是光的一种衍射现象。日光斜照在浓雾上面,由于雾气含水量高,水分子之间的距离和光的波长达到一定的比例时,光便发生衍射,形成一个五彩斑斓的光环，将游人及周围的景物映照在里边，景色迷人。

纡回鹤径入萧森

日观峰南面，三面陡峭，下临深渊，旧时常有百姓为禳父母病灾，祈求神灵，跳崖以身相许，故名舍身崖。明万历初年巡抚何起鸣在崖侧筑墙阻拦，更名爱身崖。传说何起鸣年幼时被父母许下舍身，以拯救病危的祖母，由于一位好心的店家搭救，才得以活命，长大后考中状元，官拜巡抚，遂改舍身崖为爱身崖。后人又在崖上刻"哀愚"二字，以警示众生。

舍身崖东南有东神霄山，崖悬天半，又名吓人峰。南岩有影翠石，下为九龙谷。

玉皇顶西，有因状如老翁伛偻而得名的丈人峰（古时尊老者为丈人）。山峰附近有数块俊秀小石，人称"老翁弄孙"。自古人们称呼妻子父母为"岳父岳母"、"丈人丈母"或"泰山泰水"，据说是由《汉书·郊祀志》"大山川有岳山，小山川有岳婿山"演变而来。丈人峰上有"天下第一山"、"凌霄峻极"、"中天独立"、"东柱第一灵区"诸石刻。

自丈人峰向北又东约5里许，是后石坞。因在玉皇顶背阴，景色幽旷深奥，故称为岱阴奥区。后石坞三壁环抱，常有云雾萦绕。古松耸立，毗连万顷，且各具姿态，差不多囊括了泰山松的所有特点，形成"石坞松涛"之佳胜。怪石突兀，嶙峋如笋，故又有"笋城"的美称。旧时此处有万松亭、三官庙、蔚然亭、元君庙等建筑，而今只剩下一片残垣废墟了。元君庙遗址后崖壁为玉女山，亦称天空山，山巅平坦如台，相传尧曾登临此台，故名"尧观台"。台前古洞幽邃，黄花环绕，这就是著名的岱阴黄花洞。洞顶渗水成珠，滴入洞底深池，叮咚作响，因名灵异泉，又称来鹤泉。由于背阴天寒，洞内盛夏竟有冰柱奇观。姚奎《游记》云："石窦涓涓，凝结玉柱大十围，高丈余，晶莹可鉴。"清赵国麟亦在此留下"洞名黄花冽清泉，六月寒冰坚玉柱"的名句。相传碧霞元君就是在此修真超凡的。洞内石壁上有元君的手印，玉指宛然；洞后有石床，供元君卧息；元君饮灵异泉之水，故俗称灵异泉为圣水池；洞口独生蒲墩子草，供元君坐憩。沿玉女山脚东去二十余步，又有莲花洞，以洞顶石瓣倒缀似莲而得名。洞内有石乳泉，悬流涓滴。

后石坞深幽奇奥，每年仲秋前后，竟有四季并存的绝妙景色：花的阳春，溪的盛夏，果的金秋，洞的隆冬。清人萧儒林赋诗云："石坞松围万顷阴，纡回鹤径入萧森。凌晨海雾平清涧，向夜江涛卷碧岑。脂落悬崖收圃药，响连幽洞听鸣琴。耳根何幸尘缘洗，谡谡犹闻太古音。"

环泰诸峰更添胜

昆瑞山为泰山支脉，是我国古代佛教胜地。《水经注》载，十六国前秦时僧竺朗（亦称朗公）曾在此居住。《酉阳杂俎》中说朗公开发金舆山（即昆瑞山），死后所乘之驴入深山后变成金驴，故又名金驴山。旧传其谷虎狼出没，人多执仗结队而行。朗公建立精舍之后，

昆瑞山四门塔

昆瑞山九顶塔

猛兽归伏,夜行无恙。在此精舍之中,朗公和隐士张忠朝夕相处。传说张忠是一位解甲归田的老将军,深通佛理。两人整日谈玄说佛,遂成莫逆之交。后来边关战起,张忠奉命挂帅出征,在华阴战死沙场,而朗公仍常站在昆瑞山顶上远眺,希望老将军能平定边关回来。后来,他就变成了一尊山石,屹立在昆瑞山顶,人们把这尊山石叫做"朗公石"。

昆瑞山中群峰对峙,有苍松、翠柏、飞瀑等景观,秀色满眼,清凉宜人。古迹有神通寺、四门塔、墓塔林、千佛崖、九顶塔等。其中四门塔是我国现存最早的石塔、最古的地面石建筑,为我国第一批重点保护文物。九顶塔以造型华美、设计精巧著称。

娄敬洞山位于泰山西北麓,因汉高祖谋臣娄敬将军曾在此隐居而得名。又因山形似老龙蟠曲,如佛座莲台、莲朵,故又名蟠龙山、莲台山、万花山等。传说春秋时,范蠡伐吴后,改名换姓,来此山隐居。汉留侯张良曾游此山,娄敬洞山因此又名张山。又传张良与娄敬谋划,在博浪沙狙击秦始皇未遂,隐此避秦之害。

娄敬洞山自古有七十二洞之说,著名的有青龙洞、王母洞、八卦洞、火龙洞、仙姑洞、三清洞、娄敬洞、老君洞、朝阳洞、聚风洞等。其主峰为三峰山,怪峰垒列,奇峭峻秀。天烛峰在朝阳洞西,拔地而起,幽洞遍崖,植被茂密,满谷苍翠。深秋时节,霜染红叶,"置身着色娄敬山,红叶醉倒回家难",多彩多姿,美不胜收。

灵岩山位于泰山西北麓,原称方山。因其主峰陡峭如削,上平如砥、方方正正而名。此山为东晋高僧朗公开辟,他还曾在此建寺院。因其形似神话中的仙山西昆仑,故又称昆仑山。南朝梁慧皎著《高僧传》,称朗公在泰山北岩下说法,顽石为之点头,从此方山即称灵岩山。朗公在山中所建精舍就是灵岩寺,德宗时宰相、史学家李吉甫把它与天台国清寺、江陵玉泉寺、南京栖霞寺并列誉为"域内四绝"。后经历代重修拓建,至明初时极盛。今寺内主要有十佛殿、

昆瑞山唐代龙虎塔

御书阁、五花殿、大雄宝殿等古建筑。

灵岩谷之阳有鸡鸣山,其得名与一民间传说有关。相传有一伙贼偷东西,刚到山上就听到公鸡叫,急忙跑回山下,竟然发现还不到半夜。群贼于是又回到山上,可是听到鸡又叫了起来,只好又跑下山。这座山从此就叫鸡鸣山。其实,据金人元好问考证,是因为泰山高出天半,昏晓与平原地区不同,才导致山上山下鸡鸣时间的差异。

[奇木异石]

泰山树木出色,巨石风流,可谓松柏青山,涉石为景,因石成趣。

松柏满青山

泰山多树。自山麓及山顶1300余米,随着高差和地形的变化,不同组合的植物群落把泰山点缀得郁郁葱葱、气象万千。桃花峪、樱桃园、丁香沟、海棠峪以及藤罗坊等等入目生香的地名,展示了泰山多彩多姿的面貌。

泰山的树又以松柏为多。穷冬凋零之时,泰山犹有松涛滚滚、柏风阵阵,不让春夏之秀色,更增秋冬之壮美。泰山的风格与松柏的风格是统一的,凝重壮肃、刚阳清标。松柏之盛,实为泰山一绝胜处。

泰山松树的壮盛首推对松山。对松山在朝阳洞以北,又名万松山、松海,因松树层叠有致,有"十三层松"之说。松多攀险于绝壁石隙,沾云雾湿气而长,欹斜腾挪,姿态绝异;远望苍翠葱郁,入目怡怀。云起则青影浮动,缥缈微茫;风来则松涛如涌,盈耳惊心。乾隆游至此地,龙颜大悦,誉之:"岱岳最佳处,对松真绝奇。"

路西建有对松亭,供游客观山色、听松涛、品泉韵。古人题诗曰:"策杖重游堪纵目,盘桓懒去问蓬莱。"

泰山之阴的后石坞亦多奇松异柏,几乎囊括泰山松的所有特点,"石坞松涛"被列为泰山八景之一。

后石坞谷底有一峰拔地而起,峰巅一棵松树岸然挺立,使整个

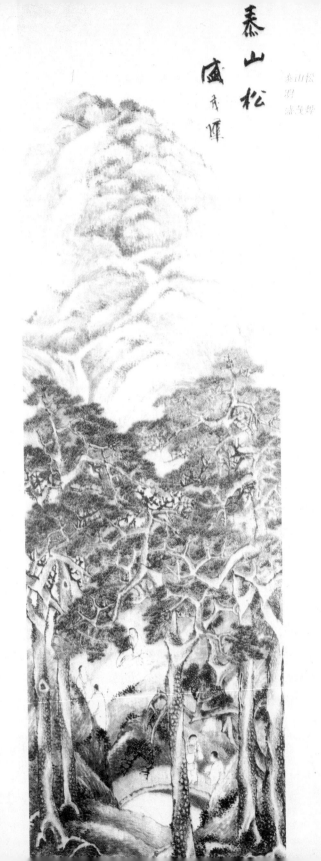

泰山松 盛秀輝

万壑松风图
宋
巨然

山峰成了一根高擎的巨烛,因名天烛峰。

松有松海,柏则有柏洞。过斗母宫往北沿盘旋的山道而上,在歇马崖以北的山路两侧,高大的古柏树冠相接,横柯上蔽,虽午犹阴,绿意森然,如入洞府。一巨石上镌"柏洞"二字。这两万多棵柏树植于清嘉庆元年(1796),至今已近二百高龄。盛暑至此,凉风习习,暑气顿消,令人油然而生"冰肌玉骨,自清凉无汗"的仙境洞府之感。

柏亦有奇者。自柏洞北上则至壶天阁,其门洞两侧有双柏对峙,自墙中生出,盘旋而上,枝叶繁茂,堪称绝奇。

泰山松柏丰茂,但传说以前泰山顶上只在泰山圣母的宫阙碧霞祠大殿后存活着一棵苦梨树,其余地方皆光秃无树。相传这是泰山圣母与玉皇大帝争山的结果。泰山圣母略施小技独占了泰山之后,玉皇大帝不甘心,就把山顶上的树全都拔光,想要晒死泰山圣母。泰山圣母见兄长如此狠心,伤心得大哭一场,泪水使身旁一棵干枯的苦梨树得以复活。又传与泰山圣母争山者为柴王,柴王输后也很生气,便拔光岱顶树木挑走,行至南天门又觉挑此重担不上算,就扔掉担子。前面一捆成为对松山之松,后面一捆滚到后石坞,于是后石坞也以多松而著称。

缘木述怪异

泰山有很多树木都伴有美丽的传说或奇特的历史,颇耐寻味。

岱庙东北隅汉柏院内有五株柏树,相传为汉武帝刘彻来泰山封禅时所植。唐李吉甫撰《元和郡县图志》引汉《郡国志》:"庙前有柏树,汉武帝所种。"至今已逾二千年,犹苍郁翠秀,"汉柏凌寒"被列为泰山八景之一。但现在一株已死。据说在1928年,军阀混战,国民党山东省主席孙良诚曾驻军泰安,把岱庙作为大本营。有一兵士为验赤眉军砍柏见血的传说,竟拿刀尝试,并殴打劝阻他的道士。道士告至孙良诚处。孙为显示他"爱护文物",打了那士兵一顿军棍,并关了禁闭。那士兵心怀不平,竟拿汽油把那棵树烧焦了,千年汉柏,无辜毁于一旦。

岱庙另有一唐槐院,内植唐玄宗封禅留下的唐槐。明崇祯年间已"大可数抱,枝干荫阶亩许",到清嘉庆时"空腹皴裂,乔枝炕叶,荫广数弓",民国初"古干中劈,荫覆半亩"。后因兵乱备受摧残,渐渐枯死。1952年,又在枯槐内植一株小槐树,俗称"唐槐抱子"。如今,"子"槐虽无老槐当年风采,却也已扶疏郁茂、长大成树了。

斗母宫宫门西向,门外有明代古槐,虬枝仆地,蟠根生干又成一树,形成卧龙翘首奇观,因名"卧龙槐"。传说这株槐树是嘉靖年间被大风刮倒的,斗母宫的尼姑要以五吊钱卖给木匠,槐树就托梦给一个叫刘长更的本地名人,他抢在木匠之前用五吊钱把树赎了。后来他得了噎食症治不好,在斗母宫前碰到一个卖野药的人赊给他药,要他病好了给五吊钱药费。病果真好了,卖药的却找不见了,于是他认为是槐仙显灵报答他,就用那药费在槐旁的石上刻了"卧龙槐"三字。不想字刻好之后,槐树两头就长起了两棵槐树,真像卧龙昂首翘尾一般。

黄山有迎客松,泰山也有迎客松,但泰山的迎客松又叫望人松,

泰山望人松
(迎客松)

长在五松亭后的山崖上，据说是一位痴情少妇的化身。她与丈夫住在这里，丈夫出外学艺经年未归，少妇常站在屋前的山崖上久久注视上山的人群，希望能见到丈夫。暑去寒来，她依旧站在那里，忘记了寒冷，白雪淹没了她。春天来临，冰雪消融，人们在她站立的地方，发现了一棵苍翠的松树，一枝指向东南。后来的人们不知其来历，见它像是举手招呼着进山的游客，就又叫它"迎客松"。

望人松下不远即为"五大夫松"。它原本只是一棵松，秦始皇在树下避雨后所封，后因洪水毁去，后人因"五大夫"之讹补植五株，今仅剩三株。泰安人厌恨秦始皇，认为他的"御封"玷污了松树令名，遂将北侧崖上一松树名为"处士松"，以处士的清高来对抗五大夫的威势。

泰山南麓普照寺的中院钟鼓楼西厅前有株古松，枝叶平生，状如华盖，立石题刻"一品大夫"，不过它不是皇帝御口亲封的。此松原名"师弟松"，清代寺僧理修所植。理修曾吟："僧栽松，松荫僧，你我相度如同生。松也僧，僧也松，依佛门，论弟兄。"师父闻之叫绝，遂名此松为"师弟松"。光绪二十二年二月，何焕章游寺，因其华盖之状，气度不凡，题名"一品大夫"。该寺大雄宝殿后摩松楼前有棵古松，是六朝遗植，故名"六朝松"。郭沫若登岱曾有《咏六朝松》诗云："六朝遗植尚幢幢，一品大夫应属公。吐出虬龙思后土，招来鸾凤诉苍穹。四山有时泉声绝，万里无云日照融。化作甘霖均九域，千秋长愿颂东风。"松下有筛月亭，取古松筛月之意。

涉石为奇景

中天门以北500米处的路西，有巨石挺然屹立于方台之上。此处风景壮观，两山陡立，一山涧流经巨石西面。夏秋之季，云雨交替，晦明变幻，常是云雾弥漫。但是自山巅滚滚而来的山云，到此或化凝为云，或烟消云散，或阴晴分明，各据一方，故此石名为"斩云剑"。传说从前一群采药人采药至此，忽然云雾腾腾四处弥漫，天黑得伸手不见五指，此处地形险恶，情况十分危急。这时，一个陌生的青年挺身而出，振臂一呼，山摇地动，云开日来，光明普照，大家得以脱险，那青年却不见了。在他立身之处，发现一块长条巨石，

瞻鲁台

人们为纪念他，遂名此石曰斩云剑。从此，这里再无云雾蔽天。

月观峰北侧，临崖有二巨石对立如门，名西天门。门为自然形成，并非人工雕饰，实乃神工造化。明人钟惺《登泰山记》云："岱之天门者云，西天门者，石自门焉，真天门也。"他特为二石题名"西阙"。

日观峰东侧探海石为岱顶观日出的最佳场所，旧称于此石可望渤海。游人匍匐其上，晴观日出，阴观云海，良多趣味。

舍身崖上有一巨石突起，上刻瞻鲁台，意为在此可望鲁国。瞻鲁台西侧，两崖对峙，相隔丈远，中为深谷。两崖之间三石相连，悬于半空，风吹欲倾，纯属造化之奇巧，非神仙不能过，故名仙人桥。相传当年吕洞宾因戏白牡丹触犯天条而被判斩首，吕祖便请梁灏帮忙设法逃过劫难。梁灏乃文曲星下凡，但一直功名未遂，这次因救吕祖而在第二年得中状元，不过他已是八旬老翁，故被赐衣锦还乡。梁灏重登泰山谢神还愿，吕祖让梁灏过桥，梁灏因其险而却步，因而没能飞升成仙。后人有云："始信危桥只渡仙。"

因石成佳趣

在绚丽多姿的泰山民间传说中，树木有灵，石亦有灵，这就给许多貌不惊人的石头增添了奇异有趣的色彩，如回马岭的免送石乃泰山神显灵送玄宗的遗物。飞来石系明代万历年间出现，据《泰山小史》："五松御帐之间，片石坦焉，而瀑布倒泻若河，万历癸卯，一夕风雨，有石如丸，大可数屋，堕于此。泰山原无此石，真奇也。"而民间则传此石为吕祖作法用来压毁秦松的，因秦松亦在万历间被冲毁；后来百姓又传此石乃宋真宗封禅时泰山神惊警真宗之物；或言为乾隆登山时所现，乾隆龙牙玉口一开，称其接驾而来，遂止巨石于此处，故民间又称为接驾石。岱顶北佛峪中有佛爷寺，寺东西山岗巨石上均有硕大凹痕，酷似脚印，俗谓是佛爷踩下的，名曰东西佛脚。不过，说起泰山趣石，当首推普照寺附近的三笑石。

三笑石因石上刻有"三笑处"而得名。当地有关此石传说颇多，大致有三种：

其一，古时三位老翁寿九十九，一日三人同游泰岳，至此处休憩时交谈长寿之道。一翁说："我饭后百步走"。一翁云："我吃饭留一口。"一翁曰："我老婆长得丑"。（或传为"我老婆嫌我丑"）说罢三人大笑，竟尔去世。后人遂于此石刻"三笑处"以志其事。

其二，此石与清代三位奇人有关，一为泰安知府玉构，一为普照寺主持僧玉梅和尚，一为号称陈三邪的画家陈石坪。三人俱工书画，通达诗词，故结为密友。一日三友聚会后玉梅送客至巨石处，陈石坪谓玉梅"已入尘世凡界"。按佛家规矩送客仅到山门，出山门意即出佛门净地，三友念及佛规，不由大笑，遂从苏东坡、黄山谷、佛印和尚的典故中撰词"三笑处"，镌刻于巨石，以示纪念。或传三人并非好友，陈石坪为玉构之母画像绝佳而得官职，又因一介清风不善谗媚旋被革职，故隐于泰山，与玉梅交好。一日三人遇于寺门外，陈石坪忽言玉梅已入尘世，二人即会心大笑。玉构不知所以，讪讪而笑。后来陈石坪与玉梅遂于巨石刻"三笑处"，以此嘲笑玉构无知与官场昏暗。

其三，从前一县令游山经此处，见一民女貌美，便欲强占。泰山圣母化身老妪与县官赌胜，言县令若能笑三声撼动巨石，便可带走民女。县令自然无此法力。于是圣母三笑，巨石三摇，县令始知圣母显灵，长跪悔罪。世人遂称此石为三笑石。

除三笑石外，点金窝的传说亦流传甚广。相传一贫苦孤儿得神仙指点，于长寿桥下百丈崖上一小石窝里每月取一金锭。此事被一富豪发现，富豪贪婪，便凿大金窝欲多获金锭，不料金锭全变作牛粪。富豪盛怒之下，失足掉进深渊，而孤儿则从此过上了幸福生活。

[泰山封禅]

据古史记载，先民看到泰山峻极于天，以为"天高不可及于泰山"，"天地交泰"。受这种观念影响，"王者受命易姓，报功告成，必于岱宗"，这就是所谓的封禅大典。在泰山上筑土为坛以祭天，报天之功，叫做封；在泰山下小山上除土，报地之功，叫做禅。五行学说兴起之后，对封禅有进一步的解释。《白虎通·封禅》云："王者易姓而起，必升封泰山何？报告之义也。始受命之日，改制应天；天下太平，功成封禅，以告太平也。所以必于泰山者何？万物之始，交待之处也。"因此，凡所谓"受命于天"的帝王，为答谢天帝"授命"之恩，往往要举行隆重的封禅大典，而且主要是在泰山举行。

泰山封禅纪盛世

传说远古时期到泰山封禅的有七十二君。《韩诗外传》说："孔子升泰山，观易姓之王，可得而数者七十余人。"司马迁在《史记·封禅书》中认为，封禅始于伏羲氏以前的无怀氏。无怀氏曾封泰山。春秋时，齐桓公称霸诸侯后，欲行封禅之举，管仲说古代封泰山、禅梁父者七十二家，知名的有无怀氏、伏羲、神农氏、炎帝、黄帝、颛顼、帝喾、尧、舜、禹、汤、周成王，"皆受命然后得封禅"。经他劝说，齐桓公未能封禅。司马迁还专门记载了黄帝封泰山的一段传说："黄帝升封泰山，于是有龙垂胡髯下迎黄帝。黄帝上骑，群臣后宫从者七十余人，小臣独不得上，乃悉持龙髯，拔堕黄帝之弓。小臣百姓仰望黄帝不能复，乃抱其弓而号，故后世因曰乌号弓。"这段记载使后世一些热衷长生成仙的帝王确信封禅可升仙。另外，《尚书·尧典》说尧在太祖庙举行禅位典礼后，这一年二月，舜到东方巡视，登上泰山，举行了祭祀泰山的典礼。

秦汉以后，泰山封禅大典更成为太平盛世的标志，秦始皇、汉武帝、东汉光武帝、唐高宗、唐玄宗、宋真宗等都曾来此封禅告祭，刻石纪功。明以后，封禅与郊祀合二为一，在北京建天坛祭天祈谷，修地坛祭地,但清康熙、乾隆二帝仍要驾临泰山告祭。泰山封禅活动使泰山的地位尊崇无比,成为当之无愧的五岳之宗,同时也给泰山留下了诸多的古迹和传说,使古老的泰山文化更为丰富多彩。

秦皇留骂名

公元前219年,秦始皇完成统一大业后,率领浩浩荡荡的东巡大军来到泰山,准备举行封禅大典。他召集儒生博士七十人,问封禅的礼仪。儒生众说纷纭,有说古天子封禅坐蒲车,以免损伤泰山的土石草木;有说应"扫地而祠,席用菹秸"。秦始皇干脆黜儒生,自定仪式。他乘车从泰山南坡上至山顶,"立石颂德,明其得封",然后由北坡下,禅于肃然山。

古人绘秦始皇像

泰山秦刻石

秦刻石残字

传说秦始皇在泰山上突遇暴风雨，避雨树下，因封其树为"五大夫"。五大夫是秦代二十一级官爵中的第九级。《汉官仪》始谓其树为松，唐宰相陆贽《禁中青松》诗又云"不羡五株封"，后世遂讹传五大夫乃指五株松树。唐人李冗《独异志》卷中记载："始皇二十八年登封泰山，至半，忽大风雨雷电，路旁有五松树，荫翳数亩，乃封为五大夫。忽闻树上有人言曰：'无道德，无仁礼，而天下妄命帝，何以封！'左右咸闻。始皇不乐，乃归，崩于沙丘。"在当地传说中，对秦始皇封禅之举更是多所讥讽。如百姓以为泰山松为秦始皇所封有损于泰山松的美名，于是将五大夫松北侧山崖上的一株松树命名为处士松，以处士松的清高来对抗五大夫松的权势。又说明万历三十年泰山蛟龙腾起，山洪暴发，秦松被水冲走，世人拍手称快；或传是吕洞宾不喜秦松，飞来一块石头把秦松压毁的。这飞来石如今就陡立于五大夫松之下，危如累卵，摇摇欲倾。

现在中天门上侧仍有三株松树名五大夫松，为泰山八景之一，称做秦松挺秀。不过实际上并非秦松，而是清雍正年间钦差大臣丁皂保补植的。

汉武夸功业

西汉武帝刘彻好大喜功，在二十一年的时间里曾七次到泰山举行大规模的封禅典礼。据记载，武帝来到泰山，立即为泰山的雄伟壮丽所惊骇，连声赞曰："高矣、极矣、大矣、特矣、壮矣、赫矣、骇矣、惑矣。"可到了封禅时，他不清楚古代礼仪，便召集儒生讨论。儒生们各执一见，难以施行。于是武帝自定礼仪，先到梁父山祭地；次在山下东方设坛祭天，坛广1.2丈，高9尺，下埋"玉牒书"；礼毕，率少数大臣登上泰山极顶，再次祭天。第二日由北山坡下，禅肃然山，如祭后土礼。封禅时奏起隆重的音乐，武帝着黄色衣，亲自跪拜。封禅毕，下诏改元，令诸侯在泰山下治邸。

武帝此次封禅留有著名的无字碑。史载武帝在泰山绝顶上看到以往帝王无不在此树碑立传，为自己歌功颂德，他甚是不屑，以为自己功德盖世，万民俯首，非一小小石碑所能言表。于是别出心裁，命臣下取来他山之石，立于山巅，以显示他高上加高、无以言表的

汉文帝
汉武帝刻画像

功德。相传汉武帝立碑之时，岱顶瑞云飘忽，四面霞光。这块石头世称汉石表，方柱体，由趺座、削身、帽盖三层迭递而成，以表高上加高之意。现一般称此碑为无字碑，据说碑内封藏金简玉函，故又称石函。如今无字碑矗立在玉皇殿门外，虽经百世露浸雨湿而不生苔藓。传说艳阳高照时石碑熠熠发光，碑中几行篆字言武帝功德："事天以礼，立身以义，事亲以孝，育民以仁。四守之内，莫不为郡县，四夷八蛮，咸来贡职，与天无极，人民蕃息，天禄永得。"篆字远看则有，近观则无，可谓泰山一奇。

玄宗封岳神

唐乾封元年（666），唐高宗李治东封泰山。这次封禅在泰山封禅史上影响并不大，值得一提的是武则天以皇后的身份参与此事，可谓空前绝后。武则天借这桩被视为"显号"、"颁名"的盛举,为后来登上皇帝宝座作了铺垫。

唐开元十三年(725),唐玄宗李隆基赴泰山封禅。此时正值开元盛世,"小邑犹藏万家室"、"稻米流脂粟米白",故封禅规模极为宏大,有国内各民族的首领或代表以及波斯、天竺、倭国等许多友好邻邦的使节参加。临行前玄宗宣称"朕今此行,皆为苍生祈福,更无私请"。不过他的手下却借封禅徇私,如封禅使张说就让他的女婿郑镒代办各项事务;封禅结束后,郑镒便由九品小吏骤迁五品官员。玄宗问他为什么升得这么快,郑镒无言可对,旁人说:"此泰山之力也。"明说是封泰山的功劳,其实暗刺张说任人唯亲。后来人们便称岳父为泰山。北宋欧阳修则认为泰山极顶西北有座丈人峰,样子像个伛偻老人,所以用泰山称岳父。不论孰是孰非,称丈人为泰山的由来是与泰山有关的。其实,"岳父"一词也由泰山为东岳而来。

据称玄宗此次封禅祥瑞迭现,曾遇蛟龙起舞,见白鸽飞翔。玄宗兴致大发,当即封泰山神为天齐王,并下令在大观峰下凿出巨大的摩崖石刻,由玄宗亲自撰写碑文。碑文最后两句"道在观政,名非从欲",气魄非凡,显示出盛唐气象。相传玄宗归途中却遭遇惊险,一巨石紧随玄宗下山,情形危急。玄宗大惊之下醒悟到此乃泰山神显灵,遂转身下拜,说道:"免送吧。"巨石立时停住,摇摇欲坠立于道旁。此石即名"免送石"。后人惧之,又因这里是东路登山必经之道,便刻"此处不可久停"六个大字于石上。

真宗造天书

北宋真宗皇帝刘恒是历史上有名的昏庸之君。他在位时边界战争频繁,西夏和辽国不断南侵。为贪图安逸,他不惜割赔土地钱财以求苟安。正是这位真宗,竟也举行了封禅大典,结果留下了许多笑柄。

史载宋朝的宰相曾率领文武百官、蕃夷僧道两万余人,请求真宗封禅。真宗想到封禅可"镇服四海,夸示夷狄",让夷狄首领看看王朝的太平、富裕、受天保佑,这样虽不能收复幽蓟,也可洗刷一下失地之耻,而且说不定还能借此阻止辽人南下之势,于是不仅欣然接受众请,还与宰相王钦若密谋导演了一出降"天书"的闹剧。据说大中祥符元年(1008)六月初六,樵夫董柞见一黄帛自空冉冉而降,落在泰山脚下红门西之垂刀岭的小树上,帛上有蝌蚪字形,即为天书;又传王钦若事先伪造好天书,埋在泰山红门西边的大藏岭,到了六月初六这天,派一木工前去"发现"天书。总之天书被火速送往都城开封。于是真宗便以报答神灵为名,率领群臣,车载天书,堂而皇之地赴泰山封禅。在泰山真宗亲自撰写了《登泰山谢天书述二圣功德碑》,并首创了碧霞元君这位泰山女神。《岱览》记载:"汉时天齐仁圣帝前有石琢金童玉女。至五代,殿北石像仆。至唐,童泐尽,女沦于池。至宋真宗封泰山还,次御帐涤手,池内一石人浮出水面,出而涤之,玉女也。命有司建小祠安奉,号为圣帝之女,封天仙玉女碧霞元君。"所谓"小祠"时称"昭真祠",即今碧霞祠。真宗封禅完毕,大赦天下,改乾封县(今泰安县)为奉符县,定六月六为天贶节。第二年(1009)在岱庙内修建天贶殿,在岱庙附近造"天书观"来保存天书。如此大肆折腾一番后,辽人确实偃旗息鼓很长一段时间,但这并非真宗封禅的作用,而是因萧太后驾崩,辽人忙于收拾国内政局而无力南侵。真宗为此陶醉时,大概没想到这出丑剧使他贻笑万年,连清乾隆帝都赋诗道:"天书上下腆颜为,鄙甚

岱庙天贶殿

三呼称不知。中道弗前回马返,岳岭应实愧难欺。"

真宗封禅留下的天贶殿今为岱庙主殿,原祀泰山神,当年真宗加封为仁圣天齐王。该殿规模宏大,富丽辉煌,同故宫太和殿、曲阜孔庙大成殿并称为中国三大宫殿式建筑。殿内有高达3.3米、长62米的巨幅壁画"泰山神启跸回銮图",生动地描绘了东岳大帝出巡的浩大场面。壁画传为宋人作品,但因历经沧桑,这幅艺术珍品曾遭损毁,现存为后人依宋代壁画原貌补作。

除天贶殿外,真宗还在泰山留下了接驾石和御帐坪等遗迹。传说真宗行至云步桥,见山青水碧、景色绝佳,遂休憩于山崖石坪之上。泰山神黄飞虎巡游经过此处,看到真宗正在逍遥享乐,不禁勃然大怒,放出一巨石滚向真宗。真宗魂飞魄散,大叫救驾,不料巨石突然停住了。封禅使王钦若讨好地说此乃元君派来接驾的石叟,并将此石命名为"接驾石",又将石坪命名为"御帐坪"。

乾隆屡登临

清人入关统一天下后不久,康熙二十三年(1684)十月,清圣祖玄烨"次泰安,登泰山,祀东岳",并宣称泰山山脉起源于辽东,以此为爱新觉罗氏由东北入主中原寻求依据;乾隆皇帝更有十一次驾临泰安,六次登泰山,在泰山留下了许多诗文遗踪。

1748年,乾隆与皇太后一道登泰岳告祭。在此之前,山东巡抚曾耗费大量人力物力作迎接圣驾的准备:在南天门内、碧霞祠东、玉皇庙、朝阳洞营造四座行宫,供圣上休歇;由山脚至绝顶的道路、祠庙皆修缮一新;山路险峻处与弯道处均架好天桥等等。巡抚又命人制作了长3.51米、宽1.265米的《泰山盘路图》,详细描绘了泰岳的景观:从岱庙到刺破云天的玉皇顶,层峦叠嶂、巉岩幽壑,乃至各处木板天桥都标示出来。由此可知帝王巡幸泰山,对黎民百姓简直是一场灾难。

乾隆屡登泰山,留下的描绘赞美泰山的诗篇据统计有一百多首。乾隆在此还曾有弯弓射虎的壮举:相传乾隆十三年,乾隆在王母池北的虎山突遇猛虎,他用箭将虎射死,并立石碑刻"乾隆射虎处"。如今,乾隆的诗很少有人欣赏,石碑也早已不知去向,而泰山老翁舌战乾隆的故事，却在当地盛传不衰。传说乾隆行至一名叫"东西桥子"的地方时，适遇一老翁。他兴致一来，想戏弄一下齐鲁棒子，于是问老翁篮子何用。老翁答以"盛东西"。乾隆刁难道："为何只盛东西，不盛南北呢？"老翁从容地答道："万岁，按照干支五行，东方甲乙木，西方庚辛金，南方丙丁火，北方壬癸水。古语道，纸里包不住火，竹篮子打水一场空。纸乃木之造，篮为条之编，篮子盛北水漏净，盛南燃成灰，拾篮碎木能烧饭，挎篮金子买衣穿。因此，篮子只能盛东西，不能盛南北。"白发老翁旁征博引，侃侃而谈，说得乾隆不由连连称是，最后乾隆随口吟诗一首："侉子满山东，棒子遍齐鲁。听此一席话，胜读十年书。"

[仙踪佛迹]

泰山上下，庙宇众多，向有"泰安的神全"的说法。从泰山圣母碧霞元君的碧霞祠，到吕祖洞、七仙祠等八仙遗迹，乃至于两只灵虎安身的二虎庙，实在是数不胜数。

山灵神仙聚

泰山多神，据说与吕洞宾三戏白牡丹的故事有关。白牡丹怀了孩子，修真不成，重归尘世，生了个孩子叫白氏郎。孤儿寡母生活很艰难。后有一老人告诉白氏郎，他日后将是人王天子，白牡丹得知后大为高兴，口出厥词，被灶王爷告知玉皇大帝。大帝一听，你有仇报仇有冤报冤，那还得了？遂命雷公电母抽了白氏郎龙筋。白因事先得老人告知，抽筋时紧咬牙关，保住了"金口玉牙"。这以后就忿恨天下神仙，拿了个葫芦，喊声"灶王爷进来"就把灶王爷装了起来，一看"金口玉牙"还很灵验，就发誓装遍天下神仙。这一天，装神装到了泰山。泰山老母忙使了个计，作法使他燥热口干，然后化身一老妪，非得白氏郎叫她"亲娘"才给他水喝。白氏郎到了半山腰，见一大门楼，就把装满了神仙的葫芦挂在门楼上，坐了坐，从此这座楼便叫"万仙楼"。上了碧霞祠，刚要装泰山圣母，圣母叫道："白氏郎，白氏郎，你忘恩负义丧天良，拿着葫芦装你娘。"白抬头一看，不就是刚才叫了"亲娘"的老妪吗？这下才知上当，又

仙山楼观图
元 陆广

仙山楼阁图
明
仇英

悔又恨，葫芦往下一摔，碎了，里面的神仙这才脱身，四散奔逃，在泰山上一个个安下了位置。

万仙楼今犹在红门以北，传泰山诸神在此聚会议事、讲经。创建于明万历四十八年，下层为跨道石砌拱形门，上层为大殿三间，黄琉璃瓦盖顶，原祀西天王母，配以列仙，后增祀碧霞元君。楼前路东有古柏三株，像刘关张结义状，故称"三义柏"。这里东临中溪，流水潺潺，四周绿树阴森，阁深洞邃，十分清幽。

泰山多神另有一说与孙悟空大闹天宫有关。孙悟空偷了观音菩萨的净瓶，不论什么神仙鬼怪，只要喊三声，他应三声，就装到净瓶里来了。后悟空被观音追到泰山，情急之下，把净瓶往地下一扔，说："还你吧！"净瓶碎了。观音收拾碎片自回天宫修补，而瓶中众神仙就在泰山安家落户。从此泰山上三步一庙，五步一院，凡景致优美之处，都给这些神仙占了，于是泰安便有了"神全"的名声。

香火鼎盛数元君

谈到泰山诸神，当首推泰山圣母碧霞元君。元君又称泰山玉女，民间称泰山老奶奶。

关于元君的由来，众说纷纭。清唐仲冕《岱览》载，李斯随秦始皇东封，得玉女像于泰顶，因祭之，封号神州姥姥；晋干宝《搜神记》传其为东海泰山神女；南朝梁沈约《宋书·符瑞》说玉女是天赐之妾；宋李谔《瑶池记》以为黄帝所遣玉女；明万历年间岱顶御制铜钟上有《太上老君说天仙玉女碧霞护世弘济妙经》，说玉女乃西天斗母精运元气的化身，在泰山修炼年久，功成道就，受敕"弘济真人"，"永镇泰山，助国裕民，济厄救险，赏功罚罪，自受敕命不得有怠"。而民间则传说元君原是石敢当的三女儿，住徂徕山。一日在山中砍柴时结识一老妪。后老妪告诉元君：你为仙女下凡，久住徂徕已将山势压落三尺，不如迁居泰山。元君便移居泰山。不久玉皇大帝召集各路神仙，选封泰山神主。柴王称自己早在一松树下埋有木鱼，验之果有其事，便欲封柴王。元君出来说自己来得更早，并在此树下埋有一只绣花鞋，众神下挖三尺，得鞋。原来，元君遵老妪之言使了计谋，得为主宰泰山之神。另有传说称元君是老佛爷

洞天问道图
明
戴进

第二编 泰山之旅

(或称是玉皇大帝本人)的妹妹。兄妹俩都想占据泰山这块风水宝地,便以先至岱顶为条件竞争。老佛爷先到,埋木鱼为凭;元君后到,却埋绣花鞋于木鱼之下。种种传说虽细节、人物均有差异,但都是讲元君凭自己的聪慧占据了泰山。元君在泰山落脚后为百姓做了许多好事。相传玉皇大帝因未争得泰山而怀怨,便令龙王水淹东岳。元君忧念百姓,作法使洪水尽入长江,而自己庙宇的"金光普照"匾也被冲到江南,后由江南百姓归还。又传泰安一带本有大湖,百姓进山不便,元君请龙王让一箭之地,龙王允诺,于是元君一箭射进东海,从此泰安水皆归东海。据科学考察证明,中生代以前,泰安一带确曾是一片汪洋,可见该传说应是相当古老了。

泰山上有关元君的遗迹很多,著名的有岱宗坊和云步桥。相传元君占山后大肆扩充地盘。姜子牙受诸神之托来为她限定地盘。双方商定由元君扔一物,以此物所到之处为限。元君要扔石头,子牙不许,让她扔绣鞋。绣鞋轻软,结果仅扔20来里。于是在绣鞋落地处建岱宗坊,成为登泰山的起点。云步桥也有来历。传说元君与兄太阳神争泰山,以先达岱顶决胜负。元君欲抄捷径,却为绝崖所阻,这时一圆木滚下横亘绝崖,元君因此捷足先登,占山为主,太阳神

泰山碧霞祠

败北,只好整日游荡于天空。此桥被命名为云木桥,后几经修复,改成石桥,称做云步桥。

史载宋真宗封禅泰山时封"天仙玉女碧霞元君"之号,并建昭真祠供之,由此香火日盛。昭真祠也几经改建而为宏伟壮观的古建筑群,并改称碧霞祠。明《东岳碧霞宫碑》描绘此祠:"琼宫银阙,连岭披麓,丹青金碧,掩映云霄,香烟若云霞蒸吐碧霞间,是为碧霞元君之宫。"

王母与吕祖

王母池在岱宗坊东北,是一座负山面城、古柏参天、石渠夹径的古庵。古称"群玉庵",唐时称"瑶池",亦称王母池。王母池由来已久,三国曹植称"东过王母庐",唐李白亦言"朝饮王母池,暝投天门关"。今王母池建筑为明代遗留的体制,分前后两院,前院泉水汇集成"瑶池",其水清澈;后院两厢房,东邻"环水",郦道元《水经注》云:"古者帝王升封咸憩此水。"正北为王母正殿,金身乃明代铜塑,端正、稳重、慈祥。后院吕祖殿原有吕祖师兄弟及弟子七尊稀世彩塑,故又称"七真殿"。传说吕洞宾三戏白牡丹犯了天条,玉皇大帝将之削去一千八百年道业(有说是五百年,后吕祖食其子白氏郎道业得复),撵到与王母池隔溪相望的一个天然石洞——吕祖洞。八仙殿遂成"七仙殿"。

吕祖殿建在王母池后院,实在有些奇怪。据说王母与吕祖二人向来不谐。王母三月三在此做寿,遍邀众仙,偏不让吕洞宾赴宴,指责吕酒、色、财、气俱全,并举出八仙醉酒、三戏白牡丹、龙宫取宝、大战龙王四事作为证据。吕洞宾说:"你开蟠桃会做寿,用这么多美酒,岂不是好酒?九天玄女、各种海仙女神伴着你,岂不是好色?你做寿收财礼,岂不是好财?你现在跟我大发雷霆,岂不是动气?"王母无话可说,吕祖遂扬长而去。

八仙桥在王母池东侧,横跨环水。八仙本与泰山关系不大,但泰山道教气氛甚浓,附会传说,连类而及。八仙桥的命名可能与吕洞宾的传说有关。相传八仙赴天宫为王母做寿之后,吕洞宾提议大家到天下第一名山——泰山修炼,于是大家向玉皇大帝跪请得准,

泰山王母池

便到八仙殿修炼。通往八仙殿的小桥遂名为八仙桥。

王母池后为风景清幽的小蓬莱（今为虎山水库），东楼下临溪谷，风物宜人，上有匾，书"山不在高"。楼下有个不大的水湾，叫虬在湾，俗称虬子湾。传说吕祖修真于吕祖洞，食虬在湾的幼龙成仙。又传吕三游泰山，常在虬在湾旁吹箫饮酒，水底神虬常向他顶礼膜拜。吕挥笔点其额，曰："功业已满，就此飞升，此时不走，更待何时？"那条虬在水中一滚，化作一条墨龙腾空而去。第二天，人们在石坪上见到了一首草字诗："昔年此地我曾来，事满华夷遍九垓。无赖虬蛟识我颜，使我踪迹不沉埋。"

泰山西峪招军岭下有香油湾，这湾里的水面上经常飘着片片油花。再往上走，飞鸦峰下峭壁上有仙人影。这两个景致有个传说。相传早先有个卖油的经过这里，见二老下棋，遂在旁观局。看完一局棋，回头一看，油挑子不见了，沟里出现一个小油湾。回去村里已变了样，一问才知道几十年过去了。据说下棋的二老是吕洞宾和张果老。

宝寺灵宫

碧霞祠是碧霞元君的上庙，红门宫为中庙，灵应宫是下庙。

红门宫在天阶坊北，是泰山中溪门户，东临中溪，西靠大藏岭，因岭南崖有红石如门而名。创建无考，明清时皆重修，先是道教庙宇，后佛道合一。庙分东西两院，东佛寺，西道观，以飞云阁相连。自阁洞北望，石级绵延，林荫夹道，自古有"红门晓日"之景。清赵国麟诗云："凌晨登红门，霁色明朝旭。俯观万家烟，平畴尽新绿。"阁后巨石耸列地表，形似泰山峰峦，上刻"小泰山"，古人以此为碧霞元君化身。

灵应宫在泰安市区内社首山东。殿内原供有明万历帝朱翊钧之母李氏九莲菩萨铜像，现内祀碧霞元君等铜像。灵应宫内古柏银杏参天，是泰安城区内保存较完整的一组大型建筑群。

传说老佛爷与碧霞元君争山不得，就来到岱顶之北20公里处的佛峪北侧为自己建寺。看一处风水好，就用脚在东西山岗巨石上踩下脚印定了寺址。至今脚印仍在，俗称东西佛脚。今佛爷寺，正名是谷山寺，因东有玉泉，又称谷山玉泉寺。南北朝时北魏高僧意师创建，金代善宁僧重建，元普谨僧又在东北侧建七佛阁。后屡兴屡废，盛时僧侣百余名。院内银杏参天，石台高筑，台上原有大雄宝殿三间，正殿前有前殿三间，祀唐魏征等塑像。佛爷寺金瓦玉阶，据传老佛爷去化缘，把金銮殿搬了来，皇帝只好给他建寺，只比金銮殿矮三阶，这才把金殿要了回去。佛寺当然没法与皇宫相比，但这一传说也说明了该寺兴盛时金碧辉煌、庄严宏大的面貌。寺东石砌地堰内有一古泉，大旱不竭，泉侧嵌碣，上有金代党怀英隶书"玉泉"两个大字，俗称八宝琉璃泉。

普照寺是泰山前麓最大、保存最完整的佛教寺院，创建于六朝（今犹有六朝古松），兴于唐，金大定年间重修，额曰"普照禅林"。普照寺分三层五院，依山为阁，左右对称，起伏有致，结构精巧。中为大雄宝殿，西院禅房，名"菊林盂隐"，因清诗僧元玉在此遍植菊花而名。禅堂正门联云："松曰好青竹曰好绿；天吾一瓦地吾一砖"。整个寺院荫蔽在青松翠竹之中，清幽静谧，景色宜人。此外，院内还有筛月亭、六朝松、一品大夫松等名胜。

斗母宫，旧称妙香院，因东临龙泉峰，故又名龙泉观，明嘉靖二十一年（1542）重建后改称斗母宫。斗母宫是一个佛道混杂的庵观。中院正殿原祀千手千眼斗母神像和二十八星宿，后毁，今置智上菩萨。斗母宫背山而居，朱楼红墙掩映于绿树翠柏中，古色古香，庄重典雅。清宋思仁诗赞:"上方钟磬出云微,斗母宫严静掩扉。满涧松洞尘不到,夜深风雨有龙归。"

傲徕峰与扇子崖交接处的山口前有元始天尊庙,明代王无欲建。原有无梁殿,祀玉皇大帝。据说这座殿曾使山东免纳皇粮。相传明朝皇上欲游泰山,当地人便修了一座大殿,东殿无梁,西殿双梁,中间隔一座山墙。皇上见后很奇怪,顺口说:"山西双梁,山东无梁。"君无戏言,从此,山东不纳粮,山西纳双粮。该庙现存天尊殿三间,原祀元始天尊像;西侧有地母宫、吕祖祠、太阳庙、太阴庙等。

[文人屐痕]

泰山不仅是帝王封禅之地,也是历代文人登临之处。千百年来,这里的每一条沟壑、每一块岩石上几乎都有先贤名士的屐痕。

孔子"登泰山而小天下"

泰山众多的景观中,与孔子有关的有孔子登临处、孔子崖、舍

"孔子登临处"坊

▲ 孔子登临处坊

东阿曹植墓碑

身崖、斗虎涧等。传说孔子"登东山而小鲁，登泰山而小天下"，其浩叹处即为孔子崖，又名"孔子小天下处"。崖东南为孔子庙，清徐宗干曾于此题联："仰之弥高，钻之弥坚，可以语上也；出乎其类，拔乎其萃，宜若登天然"。赞扬孔子的道德文章和孔子崖的高耸超拔。又传孔子曾登舍身崖瞻望鲁都曲阜。过斗虎涧时，遇妇人哭于坟，问其故，妇人言："我公爹及丈夫都被老虎伤害了，如今儿子又这样送了命。"孔子劝道："为何不到山外去住？"妇人哭诉："这里没有残酷的统治！"孔子哀叹道："苛政猛于虎也！"孔子一生都与泰山结下了不解之缘，直到他临死时，还赋《邱陵歌》，哀叹："泰山其颓乎！哲人其萎乎！"可见泰山在他心目中的地位。

除孔子外，司马迁作《封禅书》，管子撰《封禅篇》，张衡有寄希冀于泰山的《四愁诗》等，说明了历代儒家学者、文人名士对泰山的崇拜。而曹植的《驱车篇》，除发出"神哉彼泰山，五岳专其名"的由衷赞叹外，还表达了企慕蹈虚遁世以求长生的情怀："餐霞漱沆瀣，毛羽被身形。发举蹈虚廓，径庭升窈冥。同寿东父年，旷代永长生。"

曹植后半生仕途坎坷，曾六次迁徙封地，这六个封地分别是平原、临淄、鄄城、雍丘、浚义、东阿，分居泰山东、北、西三侧，均距泰山不远。因此，在往返迁徙的过程中，屡登泰山以抒愁怀，其

《飞龙篇》云："晨游泰山，云雾窈窕。忽逢二童，颜色鲜好。乘彼白鹿，乎翳芝草。我知真人，长跪问道。西登玉堂，金楼复道。授我仙药，神皇所造。教我服食，还精补脑。寿同金石，永世难老。"入泰山仿佛游仙境，既遇神仙，又得仙药，浪漫气息甚浓，表达了不满现实、寻求解脱的愿望。

李杜五岳寻仙不辞远

李白许多动人的诗章都和山东有联系。他天宝元年从唐玄宗封禅的御道登上泰山，飘飘然有出世成仙之想，写了六首《游泰山诗》，其中三首描写登上日观峰凭眺所见的壮丽景色。其三说："平明登日观，举手开云关。精神四飞扬，如出天地间。黄河从西来，窈窕入远山。凭崖览八极，目尽长空闲。"其五云："日观东北倾，两崖夹双石。海水落眼前，天光遥空碧。千峰争攒集，万壑凌绝历。"在泰山顶上放眼四望，碧峰万里，千峰攒簇，黄河如带，诗人不禁神采飞扬，激发了超出于天地之外的壮怀逸思。

在徂徕山西南麓的乳山之下，峰峦突起，旧多竹木，又因石坪上自然有花纹，如深雕的片片竹叶，故名竹溪。李白曾与文人孔巢父、韩准、裴政、陶沔、张叔明等同隐于此，号为"竹溪六逸"，整日饮酒作乐、放旷任诞，传为古今诗坛一大佳话。明代诗人邱璿题诗《竹溪六逸图》："徂徕之山竹满溪，溪中流水清漪漪。昔人已往不可见，至今陈迹犹依稀。"表达了深深的向往之情。竹溪东南的独秀峰，山巅三峰突兀鼎峙，高耸入云。峰下有"独秀峰"三字，传为李白真书，字迹洒脱不拘、浑厚流转。

杜甫以脍炙人口、经久不衰的《望岳》，写出了对泰山的礼赞，并把自己和雄伟的泰山永久地联系在一起：

岱宗夫如何，齐鲁青未了。造化钟神秀，阴阳割昏晓。
荡胸生层云，决眦入归鸟。会当凌绝顶，一览众山小。

"会当凌绝顶"的自信，实际上表达了诗人渴望登上事业顶峰的豪情。这首诗写出了泰山雄奇的神姿，又见出诗人壮阔的襟怀，在众

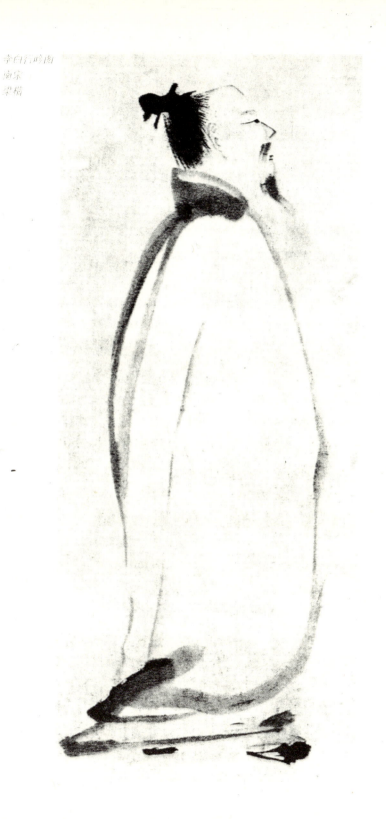

多咏泰山诗中,无疑是最出色的一首。

由于李白、杜甫以自己的活动和诗篇把自己与泰山紧密地联系在一起,所以后人就把他们两人的诗句分别抽出一句,集成一副别具情趣、寓意深远的对联,书写在泰山万仙楼上:"我本楚狂人,五岳寻仙不辞远;地犹邹邑氏,万方多难此登临"。

宋代多风流

泰山灵岩寺与天台国清寺、江陵玉泉寺、南京栖霞寺并称"域内四绝"。寺内及周围的文人墨迹,以宋人最多,诗书俱精,堪称珠联璧合。

千佛殿是灵岩寺的主体建筑,其东存汉柏,下有苏东坡撰书《黄茅岗诗》:"醉中走上黄茅岗,满岗乱石如群羊。岗头醉倒石作床,仰观白云天茫茫。……路人举首东南望,拍手大笑使君狂。"草书龙飞凤舞,若江河奔泻,与诗的意境融为一体,令人豪气勃发。据考证,苏轼并未到过灵岩,此诗是他守徐州时,登城南云龙山黄茅岗所作。显然,后人为点缀名山宝刹而附会于此。

在千佛殿西侧,有辟支塔。其北院墙上,嵌有苏辙《访黄茅岗》诗碣:"青山何重重,行尽土囊底。岩高月气薄,秀色如新沈。入门尘滤息,盥漱得清泚。升堂见真人,不觉首自稽。祖师古禅伯,荆棘昔亲启。人迹尚萧条,豺狼夜相舐。白鹤导清泉,甘芳胜醇醴。声鸣青龙口,光照白石陛。尚可满畦塍,岂惟濯蔬米。居僧五百众,饮食安四体。一念但清凉,四方尽兄弟。何言庇华屋,食苦当如荠。"诗为苏辙出任齐州掌书记时,于元丰二年游灵岩所题。字迹端庄潇洒,诗意盎然,把灵岩幽绝之处描写得淋漓尽致。

千佛殿之后是御书阁,阁壁上下嵌历代名人石刻,前壁有宋蔡卞于元丰二年(1079)草书《园通经》之碣,计一千四百余字,笔势豪放,仪态万方,如龙蛇屈伸。蔡卞是王安石的女婿,自幼从学于王,为当时著名书法家。

革命烈士纪念碑的西侧,有峭石挺立,名曰"拜石",因"宋代四大家"之一的米芾而得名。传米芾在无为(今安徽省中部)当通判时,拒不朝拜贪官麦知州,而是每早穿礼服拜古石玩器,说:"我宁拜无知石，不拜面老鼠（即麦知州）。"麦知州闻后大怒，将米芾免职。后人遂在此峭石上题"拜石"二字，誉其耿直清廉。

似喜诗人来

元好问（1190—1297），字裕之，太原人，金代著名诗人，于1235年游泰山，作《东游记略》，记泰山文物碑刻多种。他还在泰山就前人"泰山鸡一鸣日出三丈"的记载作调查，知"尝有抱鸡山上者，鸡鸣而日始出"的实况，从而得出"盖岱宗高出天半，昏晓与平地异"的结论。

他的《游泰山》诗，以夸张的笔墨极写泰山的巍峨雄壮、险峻超拔：

> 泰山天壤间，屹如郁萧台。厥初造化手，劈此何雄哉！
> 天门一何高，天险若可阶。积苏与垒块，分明见九垓。……
> 山灵见光怪，似喜诗人来。鸡鸣登日观，四望无氛霾。六龙出扶桑，翻动青霞堆。

"后日天门重登览，蜕仙岩下幸迟留"，他的《送天倪子归布山》叙写了和天倪子相偕游岱的情景。而天倪子（即元代泰山道士张志纯）亦有诗状写桃花峪美景："流水来天地，人间一脉通。桃源知不远，流出桃花红。"桃花峪因旧时桃林满谷而出名；又因丹英饰涧，纷飞如雨，故又名红雨川。与张志纯这首清雅淡远、秀色可餐的诗不同，元散曲家张养浩的《登泰山》则境界雄浑，极写泰山的雄奇险峻和自己胸怀的恢弘豪迈："风云一举到天关，快意平生有此观。万古齐州烟九点，五更沧海日三华。向来井处方知隘，今后巢居亦觉宽。笑拍洪崖咏新作，满空笙鹤下高寒。"

清代顾嗣立的《日观峰》亦不同凡响，气势飞扬，写出了泰山观日出的另外一种感受："群山向背东南缺，一声鸡鸣海波裂。黄云下坠黑云浮，金轮三丈鲜如血。当时李白乎明来，风扫六合无纤埃。精神飞扬出天地，口吟奇句招蓬莱。我今黯淡失昏晓，双石凌虚自悄悄。安得快剑开烟云，直指扶桑穷杳缈。"

"贪乐"有隐士

天街坊东路北为唐代文学家苏源明读书处故址。苏为京兆武功（今陕西武功县）人，少孤贫，客居徐、兖刻苦攻读，博览文史。天宝中登进士第，累迁秘书少监，与杜甫交谊极深。杜甫曾云："武功少也孤，徒步客徐兖。读书东岳中，十载考坟典。"

泰山普照寺西北，有五贤寺遗址。北宋初学者孙复、文学家石介筑室泰山下，立学馆，教育学家胡瑗曾访学至此，师事孙、石二先生。明嘉靖间在此建祠，祀孙、石二先生，额曰"仰德堂"，俗称"二贤祠"；隆庆间增祀胡瑗，改称"三贤祠"；清道光间又增祀明万历间御史宋焘和清康熙间文渊阁大学士赵国麟，遂改名"五贤祠"。

孙复（992—1057），字明复，晋州平阳（今山西临汾）人，隐居泰山，世称泰山先生，官至殿中丞，与石介、胡瑗并称"宋初三先生"。主要著作有《春秋尊王发微》。

石介（1005—1045），字守道，兖州奉符（今山东泰安）人，北宋初著名学者、文学家，常耕读徂徕山下，以《易》教授于家，因号"徂徕先生"，官至太子中允。他乐善疾恶，为人"貌厚而气完，学笃而志大"，因赞成革新，故屡遭保守派的打击和诬陷，忧愤而终。苏轼曾写《哭石徂徕先生》，赞其气节和文章："先生魂气归于天，先生形魄归黄昏。堂堂世上文章主，幽幽地下埋今古。"著有《徂徕先生集》、《唐鉴》、《怪说》、《中国论》等。

胡瑗（993—1059），字翼之，泰州海陵（今江苏泰县）人，世居陕西路的安定堡，从学者称安定先生。官至太常博士，开宋代理学先声，严立学规，以身示范。著有《论语说》、《春秋口义》等。

宋焘（1571—1614），字岱倪，号绎田，又号青岩，泰安人。明万历进士，官至御史。因直言忤时，遭阉宦权贵排挤，借机归隐，在岱下筑"青岩居"，著书立说。著有《理学渊源》、《时习要录》、《泰山纪事》等。

赵国麟（1673—1750），字仁圃，号松庵，泰安人。清康熙间进士，官至刑部尚书、礼部尚书，拜文渊阁大学士。在位几十年，不惧权势，有远见卓识。后求退归田，讲学于泰山青岩书院。著有《文统类编》、《大学困知录》、《小园杂记》、《塞外吟》等。

竹溪东侧为贪乐岩,为元代儒家鹿茂之隐居处。东南峭石壁立,上有篆刻"贪乐岩"。其北是演易斋,元初理学家集贤大学士许衡弃官避世居此,演习《易经》。其室匾称"鲁斋",从学者因称鲁斋先生。

另外,在水帘洞天绅岩顶,有明万历四十四年(1616)文学家钟惺等人合作《水帘诗》:"晴雨所覆(钟惺),白云之上(吴惟明),冬爱其源(林古庚),阙流遵养(钟惺)。石穹其中(吴惟明),候时而响(钟惺),岱寔为之(吴惟明),劝登宏奖(钟惺)。"以前曾误以为这是钟惺一人所作,可见此诗层次井然,脉络贯通,胜于自为。

[书艺揽胜]

泰山素以中国书法宝库饮誉于世,"碑碣如林、石刻成群",并且多具有很高的艺术价值和文物价值。

碑碣如林成大观

山脚下的岱庙内,保存历代碑碣一百五十一块,珍品荟萃,蔚为大观,向有"碑林"之称。其中,有方正古拙、雄健遒劲的《张迁碑》和温润浑古、体丰厚壮的《衡方碑》,均是历来书家推崇的汉隶名作;有晋代三大丰碑之一的《孙夫人碑》,它是现今发现的晋朝最早的一块石碑;有保留了武则天创制的一些新文字的唐《双束碑》;有高9.25米、宽2.1米、以高大闻名的巨碑宋宣和碑;有乾隆皇帝亲自以满汉文字分别书写的"满汉碑"等等。

岱庙东御座内存有著名的秦二世泰山石刻,是我国最古的文字石刻之一。该碑是前209年秦丞相李斯篆写秦二世胡亥诏书刻石而成,原立于泰山顶玉女池旁,有二百二十二字。宋刘跂曾摹其文,可读者尚有一百四十六字,今仅存残石两片,共十字。它不仅有很高的历史价值,而且是书法佳作。元代郝经盛赞其"拳如钗股直如筋,屈铁碾玉秀且奇,千年瘦劲益飞动,回视诸家肥更痴";鲁迅则称其"质而能壮,实汉晋碑铭所从出也"。

岱庙汉柏院内存有宋米芾"第一山"石碑,书家称"第"如美女簪花,顾盼多姿;"一"如潜龙伏行,蜷曲遒劲;"山"如山中道

泰山秦李斯刻石

士,清标绝俗,的确是米芾力作。但传说米芾抱病书写,写完"第一"就力尽晕厥,不多时就去世了,"山"字是请当时"泰山酒家"的一个善书的小伙计写的。

据说以前岱庙里有块石碑微向东斜,宋代文豪苏东坡游玩至此,有感于当年被王安石贬至黄州之苦,遂向同行的王安石出一上联"恨当年安石不正",王安石即回敬"到如今仍向东坡"。从此岱庙"东斜碑"故事脍炙人口。而今重整碑石,斜碑扶正,遂不知所指何石。

岱庙的碑刻几乎集我国书法艺术之大成,自秦至清,从王羲之、王献之父子到宋苏、黄、米、蔡四大家,真草篆隶诸书皆备,颜柳欧赵各体俱全,镌刻技术精到,钩划清晰,实为书法宝藏之一。

名刻巨制壮山河

沿山而上，峰回路转。十数公里长的山路两侧分布着数以千计的石刻，或纪事，或道景，或抒情，其间颇多艺术珍品。相当数量的刻石讴歌了雄伟壮观的山河气象，如"一览众山小"、"星月可摘"、"日近云低"、"拔地通天"、"擎天捧日"、"日尽长空"等等。而各个风景点的题名书法更有如画龙点睛，为泰山胜景增色不少。

泰山斗母宫东北山峪南坡刻有《金刚般若波罗蜜经》经文，因称经石峪。经文刻于坡势较缓、面积较大的自然坪坡上，字径50厘米左右，现仅存一千零四十三字，系《金刚般若波罗蜜经》上卷，因年代久远，剥蚀磨损，已缺四百多字。经文书法潇洒浑古，字大篇宏，历代尊为"榜书之宗"、"大字鼻祖"，不仅是气势磅礴的书法珍品，而且因体介隶楷、韵含篆意，也是研究字体演变的重要资料。该经文无年款和书刻者姓氏，历来对此有不同说法。古代书家多考订为北齐人书或唐人书。1961年郭沫若《访经石峪》诗亦论定为"北

经石峪经文

泰山北齐金刚经

齐人所书"。刻经的石坪原为山谷中的河床,现已在上游拦筑水坝,溪水改道,使石刻得到了保护。

经文字有双钩未刻者,当为因故而辍。传说北齐时有一王姓官人因被诬告谋反,潜逃隐居于此,朝写日刻《金刚经》,后齐王封禅经过此峪,王官人遂掷笔而去,经书抛置石坪很久,后人就在那石上刻了"暴经石"三大字。亦有说是唐三藏取经回来,乘龟渡河时龟沉经湿,曝经于此,有些经卷贴于石上揭不下来,后人遂循字刻上。

碧霞祠东北有唐摩崖,又称弥高岩,上刻唐玄宗御书《纪泰山铭》,洋洋大观,因又称大观峰。唐摩崖削壁为碑,高13.3米,宽5.3米,共九百六十六字,为唐玄宗开元十四年(726)封禅所书。该碑字大50厘米见方,遒劲雄浑,开"唐隶"一格,是被历代书家誉为"自汉以来碑碣之雄壮未有及者"的书法珍品。明代文学家王士桢谓之:"文词雅驯,分隶遒逸,穹崖造天铭书,若鸾凤翔舞于烟云之表,为之色飞。"碑体形制端庄,气势雄伟,旁有历代石刻,满布山崖,琳琅满目。近年已将碑文贴金保护,更为壮观。

泰山著名的碑刻巨制还有刻于朝阳洞东御风岩上的万丈碑。据说乾隆皇帝登山至此,见朝阳洞以上的御风崖"石壁万丈,下临绝涧。崖上石隙,古松蟠郁,龙翔凤舞,仪态万方",于是诗兴勃发,题诗一首:"回峦抱深凹,曦光每独受。所以朝阳名,名山率常有。是处辟云关,坦区得数亩。结构寄幽偏,潇洒开炊牖。万险欣就夷,稍息复进走。即景悟为学,无穷戒株守。"

乾隆此字此诗算不得上乘,但他对山水确有较高的鉴赏力,此诗道出了这里高旷幽静、如同画幅的壮观景色。碑石光滑,可以看见石上有条直上直下的车辙沟,传说是刘伯温留下的。刘伯温帮朱元璋打下江山后,朱氏大杀天下功臣,刘遂逃走修仙,但一直未得皇帝亲口御封,因而不能飞升上天。至乾隆世,他老跟在乾隆帝周围卖弄神通,乾隆就给了他个"跑腿子刘基"的外号。有次乾隆游泰山时,他化成一老汉推辆小车轧着万丈碑陡直地往上走,满心希望给句"真是神仙啊"的赞叹,以得御封升天,偏偏乾隆只说了句:

泰山立马峰摩崖石刻

"又是跑腿子刘基在捣鬼吧！"刘伯温听了这句话，长叹一声，化道金光不见了，万丈碑上于是留下了这道车辙沟。

谈到泰山石刻，"虫二"不可不提。据传光绪二十五年（1899）济南名士刘廷桂游山至万仙楼北盘路，见此处林茂峰青，红墙掩映，秀山丽水，风光无限，遂取"风月"二字字心，在石壁上刻了"虫二"这个字谜。另有说这是双关语，当时附近的斗母宫尼姑无行，刘廷桂在此刻下"风月无边"，不仅指泰山风景，也指尼姑风流。以后有人仿"虫二"体制，送"因受"匾给斗母宫尼姑，意为"恩爱无心"。

综观众多的石刻碑铭，实为泰山不可或缺的人文景观，它们不仅是泰山壮丽景色的点缀，同时也为它增加了不少胜迹，在泰山上下组成了绵亘十几公里的历代书法艺术展览带，使游泰山沿途充满了浓厚的文化气氛。

|大汶口遗址|

[新石器时代的辉泽]

大汶口文化和山东龙山文化均属新石器时代文化。大汶口文化是龙山文化的前身，主要分布在山东及苏北一带，当为古代生活在这一地区的东夷族诸部落所创造。

大汶口文化

大汶口文化遗址在大汶口镇附近大汶河两岸，1959年兴修京沪铁路复线时发现。考古工作者在这里发掘出墓葬133座及一座陶窑。墓均为长方竖穴，以单人仰身直脚葬为主。从中出土红、灰、黑白和绘有美丽彩色花纹的各类陶器一千多件，还有大量精致的石器、骨器、玉器和象牙器等，这些遗物显示了独特的面貌和风格。1962年在曲阜县西发掘了同样文化内涵的墓地，1964年遂正式提出大汶口文化的命名。这前后还发掘了江苏邳县刘林遗址、大墩子遗址，山东兖州王因遗址、诸城呈子遗址、日照东海峪遗址等，并获得了丰富的资料。根据碳-14测定，大汶口文化始于前4300年前，约在前

山东泰安出土
汶口大文化彩陶豆

2400年前后过渡为龙山文化。根据墓葬随葬陶器组合及形制变化，大致分为早、中、晚三期：早期自前4300年到前3500年左右，以刘林墓地、王因墓地为代表；中期自前3500年左右到前2800年前，以大汶口早、中期墓为代表；晚期自前2800年前到前2400年左右，以大汶口晚期墓为代表。

大汶口文化的特征主要有以下几点：

从陶器形态上看，盛行三足器和圈足器。最富有特色的有折腹的釜形鼎、大镂孔编织纹豆、三足和圈足高柄杯、背壶和鬶。陶器生产表现出明显的阶段性。早期均手制，绝大多数为红陶，类少形单，火候不高；中期灰、黑陶比例增加，出现薄胎细质的灰白陶，器类增多，器形也富于变化；晚期已使用轮制技术生产大件陶器，灰黑陶已占优势，出现一种薄胎黑陶高柄杯，另外，用坩子土经1200℃的窑温烧制而成的胎薄质硬、色泽明丽的白陶也大量产生。

从生产工具看，大汶口文化的石铲等由厚而薄，越做越精。作为农具的石器早期有断面为椭圆形的斧、穿孔斧、穿孔铲、刀、锛、凿等；中期以后发现大型石锛、有段石锛、有肩石铲、石镐以及鹿角锄和骨、角、牙、蚌质的镰刀等。渔猎工具早期有尾部带孔的双

山东宁阳出土
大汶口文化陶鬶

倒刺或三倒刺的骨、角质鱼镖，扁平三棱式或短铤圆柱式骨、角质镞，环柄匕首和网坠；中期以后出现了双翼起脊长铤的骨镞、牙质鱼钩、石匕首、骨匕首、石矛、骨矛等。当时制骨工艺也相当发达，有丰富多彩的骨、牙雕品，如早期的钻孔雕花的骨珠串，刻有猪头的牙饰、骨饰、骨雕筒、骨梳；中期以后的剔地透雕或镶嵌绿松石的骨筒、象牙筒，以及象牙梳、雕花骨匕等。

从风俗上看，大汶口文化的居民，有头骨枕部人工变形和成年拔除上侧门齿的习俗；墓葬中死者手中往往握有獐牙，可能具有某种宗教意义和社会意义。

根据大汶口文化遗址的资料可以了解到，当时人们住在靠近水源的高地上，房屋有圆形、方形、地面建筑和平地穴等形式，以农业为主，主要种植粟，用石斧、石铲、石刀、石镰、骨镰进行耕种收获。饲养的家畜主要有猪和狗，可能还有牛和羊，也经常进行渔猎。手工业有石器、骨器制作，制陶，纺织，木作，编织等。在社会文化方面，可以分成前后两个阶段。后期墓葬中出现了夫妻合葬和夫妻带小孩的合葬，标志着"只知有母不知有父"的母系社会时代已经结束，开始进入父系氏族社会。后期墓葬中还存在着明显的贫富分化，富者随葬上百件精致的随葬品，贫者墓中一无所有或只有几件简单的陶器，意味着氏族成员间平均分配物品的原则已经遭到破坏，私有制开始产生，表明社会正逐步由原始社会向阶级社会过渡。

还值得特别提及的是，2001年，一批考古学家、人类学家和医学家，在对一具出自大汶口文化遗址的头骨鉴定中确认，我国5000年前就曾成功地施行过开颅手术。这是迄今为止我国最早的开颅手术实例。这具头骨是山东省文物考古研究所在广饶傅家大汶口文化遗址中发掘出土的，为成年男性头骨。医学专家对该头骨进行了人体标本观察、X线摄片、螺旋CT扫描及三维图像重建，发现头骨上的圆孔有人工用锐利工具刮削的痕迹。神经外科专家指出，这明显是做过手术的痕迹。关于开颅手术的例证在欧洲、亚洲、美洲和大洋洲等地早有发现。近年来，我国在青海省也发现了新石器时代和青铜时代的开颅手术例证。但在东部沿海地区还是第一次发现，这一发现将我国发现的开颅手术实例提前了一千年。这一实例不仅在我国，而且在东亚地区也是最早的。

山东龙山文化

龙山文化是大汶口文化的继承者，属新石器时代晚期。1928年，考古学家吴金鼎首次在济南市章丘县龙山镇的城崖子发现一种以黑亮薄胎的陶器（蛋壳陶）为主要特征的文化遗存，1930年和1931年又于此进行了两次发掘。发掘结果表明，城子崖文化遗存不同于以红陶、彩陶为特征的仰韶文化，于是被命名为"龙山文化"。因这种文化常有黑亮薄胎的蛋壳陶，故也叫"黑陶文化"。此后，龙山文化于黄河中下游地区多有发现，为了有所区别，又把山东的龙山文化称"山东龙山文化"，或"典型龙山文化"。

山东龙山文化遗址，在山东境内已发现上百处。重要遗址有潍坊姚官庄、胶县三里河、日照东海峪、诸城呈子等。早期遗址以呈子早期等为代表，年代大约在前2400年到前2200年左右。出土的陶器灰陶、黑陶数量相当，灰陶略多，多数为轮制。典型器物有粗颈小袋足鬶、深腹罐形鼎、蛋壳陶高柄杯、深腹平底罐、浅盘豆等,多为素面,有的也饰以弦纹、缕孔或划纹。中晚期遗址如三里河、姚官庄等,年代大约在前2200年至前1900年左右。出土的器物以表里透黑的砂质陶和黑亮的细泥陶为多。陶器普遍采用快轮制法,只有少数砂质器似为手制。典型器物有长流粗颈的大袋足鬶、小袋足鬶、曲腹盆形鼎、盘口式蛋壳陶高柄杯、饰有竹节纹的镂孔粗柄豆或细柄豆、饰盲鼻的带盖罍、罐、单耳或双耳罐形杯等。其中鼎足形制多样,以鸟首形最富代表性。姚官庄出土的黑蛋壳陶,质地细腻,胎壁薄仅0.5毫米至1毫米,显示出精湛的工艺技术。山东龙山文化的墓葬,均为长方形竖穴。大多数无随葬品或仅有很少几件,少数大墓随葬品却丰富精美,反映了墓主当年的地位及财产的差别。

关于龙山文化的社会性质,有的认为是氏族社会晚期,有的认为已进入早期阶级社会。其社会生产水平比大汶口文化有较大的提高。磨制精致的石斧、石锛、石刀、石铲、石镰等已较普遍地应用,在三里河遗址中还出土了两件铜锥形器,说明已经进入了发达的锄耕农业阶段。同时还发现大量的石制和骨制的箭镞和矛头等,说明狩猎仍占一定地位。另外,在一些遗址中已发现卜骨,表明原始宗教开始发生;还出土了属于砭刺医疗工具的锥形砭石和陶制"尖头

山东临朐县
朱封遗址出土
龙山文化双孔玉斧

山东临朐县
朱封遗址出土
龙山文化黑陶罍

山东济南章丘
龙山城子崖遗址出土
龙山文化黑陶甗

器"，表明当时已有原始的医疗技术。

　　山东龙山文化时期的制陶业尤其发达。已普遍采用了快轮制陶术，漆黑光亮的泥质黑陶器，特别是那种造型复杂不具实用价值的蛋壳陶高柄杯，无疑是一种专业化生产的产品。制造这样精致的产品，必须要有结构合理的陶窑、熟练的技艺和高温技术。另外，一些墓葬中出土的成组玉器、玉斧，说明了当时制玉工艺的发达。在建筑技术上，龙山文化房屋结构大体为长方形土台式建筑；台面分层筑成，可能已经使用了夯筑技术；有的墙段可能已经采用挖槽筑墙的技术。这些在我国建筑史上都占有重要的地位。

第三编 济南之旅

济南

[泉城景色异他郡]

济南始建于春秋时期,齐国曾在此筑城,名曰泺邑。后因泺邑位于历山(今千佛山)之下,齐又改泺邑为"历下"。汉代,文帝十六年(前164),历下属于济南国,其首府设于东平陵城。"济南"一称是因城位于古济水之南而得名。自晋以后,济南国(或郡)的首府又由东平陵城迁至历城。至唐朝时这一带经济已相当繁荣,据历城县志载:"唐秦琼为济南人,世代冶铁,有'铸铁秦家'之称。"宋徽宗政和六年,济南郡改为"济南府",首府设于历城。元代时,马可·波罗曾极状济南之繁丽曰"园林美丽,堪悦心目,产丝之饶,不可思议",其时历城已成为全国游览胜地。明代,济南开始成为山东省会,直至清代。1929年正式设立济南市。

济南胜境无数,大明湖冠绝泉城。它位于济南旧城之北,"众泉汇流,平吞济泺",冬泛冰天,夏挹荷浪,秋容芦雪,春色杨烟;鼓枻其中,如游香国;鸥鹭点乎清波,箫鼓助其远韵。因而号称济南三大名胜之一。主要景点有被誉为"济南第一庭园"的遐园、乾隆帝题额的历下亭、为纪念曾巩政绩而建的南丰祠以及辛稼轩纪念祠、汇泉堂、汇波楼和北极庙等数处。清人刘凤浩曾诗吟大明湖，有"四面荷花三面柳，一城山色半城湖"的名句传于后世。

千佛山位于济南东南约5里处，为济南三大名胜之一。据《史记》载，周灵王十五年晋伐齐，战于此山之下，时称"历山"。又传，虞舜曾在历山耕过田，故又名"舜耕山"。清翁方纲有诗言："山对济南城，人言帝舜耕。"隋开皇年间，山东佛教盛行，历山一带建立许多庙宇寺院，并在山岩之上雕刻了很多佛像，"千佛山"故此得名。千佛山主要胜迹有出自李贺诗《梦天》典故的"齐烟九点"："遥望齐州九点烟，一泓海水杯中泻。"站在千佛山之上，遥望济南北部平原之上的卧牛山、驴山等十三座山呈"一"字排列，如烟尘隐现。兴国寺为千佛山著名寺院，其南面的岩壁上即为千佛崖。千佛崖下龙泉洞、极乐洞、黔娄洞藤萝攀结，奇花异草丛生。黔娄洞据传为齐国高士黔娄隐居处，龙泉洞昔日曾是兴国寺僧人饮水处。千佛山还有云径禅关、一览亭、坐观泉城及大佛头、黄石崖等名胜，其中黄石崖佛像著称于世。

锦阳川之畔，碧水翠竹，松涛柳浪，有千佛崖肃穆，龙虎塔威壮，四门塔古朴，九顶塔精致，此即为泉城柳埠古迹。灵岩山，古称方山，传说东晋高僧竺朗曾于此安禅布道。灵岩寺素有全国寺院"四绝之首"的美誉，现存寺宇为唐贞观中至天宝初高僧慧崇所建，主体建筑为千佛殿，另有辟支塔、卓锡泉、墓塔林及证盟殿等。清王士禛曾言"灵岩为泰山背幽绝处，游泰山不游灵岩不成游也"。

济南郊区龙山镇有距今四千年前的龙山文化遗址。龙山文化为新石器时代晚期的文化，即氏族公社末期文化。龙山文化代表文物黑陶器首次发现于龙山镇附近的城子崖，龙山文化因此得名。距龙山镇东北约3里多处的古"平陵城"遗址，为历史上济南地区仅次于潭国的古城。自平陵城向东20公里处，为章丘县城明水镇。章丘名胜之中以"百脉泉"最为著名，水清见底，西池似月，东池如方，无数泉眼从泉底涌出，故称"百脉"。宋苏轼游龙山后曾留诗："济南春好雪初晴，行到龙山马足轻。"

济南灵岩寺辟支塔

第三编 济南之旅

[七十二泉天下闻]

济南素有"泉城"之美誉,关于泉城之泉,在2500年前的《春秋》中已有记载。金代有人据民间的流传,立一"名泉碑",列举了济南境内的七十二名泉。北魏郦道元《水经注》中有对济南名泉的描写:"固寰中之绝胜,古今之壮观也。"明诗人晏璧作"济南七十二泉诗",对济南名泉胜水一一加以吟咏,自此泉城七十二泉的说法广为传布。元《名泉碑记》所记载的七十二名泉,有四十九处在现济南市区,二十三处在郊区。古人所谓"七十二"是泛数,言其繁多之意,济南之泉历来不止七十二处。清沈廷芳《贤清园记》称其泉"旧者九十,新者五十有五",共一百四十五处。1964年进行实地调查,仅济南市区就有天然泉一百零八处。泉城泉水之盛,可想而知。

家家泉水　户户垂杨

泉城泉水之所以密布,是因其地处山地与平原交接地带,而山地又多由石灰岩组成,岩层微向北倾斜,石灰岩里大小溶洞极多,山地降水由地表渗入地下,蓄存于洞中。水势自高向低,因此溶洞里的水顺岩层或裂隙向北流动,当流至济南北面时,遇不透水火成岩体阻挡,因而地下水便在济南这一带出露地表,形成众多泉眼。

济南的泉水甘美而清洌,水质极佳,且水温四季均保持在18℃左右。济南众泉中很多名称都是自其水各异的美味而来。湛露泉"泉知湛露味甘香……厌厌夜饮醉无妨";东蜜脂泉"滋味美如饴";西蜜脂泉"莫道脂甘能悦口,试将一饮胜天浆";酒泉为"酒星炯炯映晴天,地下方知有酒泉。一酌饮来甘若醴,相逢谁是酒中仙";而浆水泉则是"泉流乳窦比琼浆,入口浑凝透骨凉。若比醍醐滋味异,较他马潼更甘香"。

济南泉水众多,通常可分为趵突泉、黑虎泉、珍珠泉、五龙潭泉四大泉群,每一泉群由数泉组成。在这百泉之中,趵突泉被尊为"天下第一泉"。宋诗人曾巩任齐州知州时作《齐州二堂记》,正式赋予泺水以"趵突泉"之名。"趵突"不仅字面古雅,且音义兼顾。一以"趵突"形容泉水"跳跃"之状、喷腾不息之势;同时又以"趵突"摹拟泉水喷涌时"卜嘟"之声。五龙潭亦为泉城名泉之一，但并未列在七十二名泉之中。据《水经注》载，早在北魏以前即有此潭，称"净池"。五龙潭水面辽阔，至深处黑碧不可测，似有五龙盘距，"五龙"因之得名。据传说五龙潭原是唐名将秦琼故宅，秦琼为李世民所用后封"唐左武卫大将军胡国公"，在此建府，因此五龙潭也借秦琼之威而名声愈盛。清乾隆时名学者桂馥曾为之赋诗："名泉七十二，不数五龙潭。为劳算博士，筹添七十三。"

清刘鹗在其《老残游记》中有一吟咏泉城的佳句："家家泉水，户户垂杨。"

趵突泉

趵突泉位于济南旧城西南，泉自地下岩溶洞的裂缝中涌出，水分三股，势若鼎沸。泉池略呈方形，面积亩许，围绕石栏。昼夜喷涌的三股清泉，状如三堆白雪。趵突泉古称泺，两千六百多年前的编年史《春秋》记载，前694年，"鲁桓公会齐侯于泺"，即此地。北魏郦道元《水经注》写道："泺水出历城县故城西南，泉源上奋，水涌若轮。"此泉又名槛泉，取自《诗·大雅·瞻印》中的"觱沸槛泉，

济南趵突泉

济南趵突泉公园扇子亭

维其深矣。"北宋诗人曾巩任齐州（今济南）知州时，在泉边建"泺源堂"，并作《齐州二堂记》，正式赋泺水以"趵突泉"的名称，"趵突"二字状泉水跳跃腾出之貌之声，形象、生动。元代著名书法家赵孟頫在《趵突泉》诗中赞道："泺水发源天下无，平地涌出白玉壶"；"云雾润蒸华不注，波涛声震大明湖"。散曲家张养浩也赞趵突泉："三尺不消平地雪，四时尝吼半空雷。"清人怀应聘《游趵突泉记》描述了泉水腾跃的险象："怒起跃突，如三柱鼎立，并势争高，不肯相下；喷珠飞沫，又如冰雪错杂，自相斗击。"清高宗（乾隆）南下游览时看了趵突泉，兴致勃勃地题了"激湍"两个大字，并封之为"天下第一泉"。

民间传说，趵突泉是龙宫一把白玉壶喷出的宝泉。相传很久以前，济南城里有一个打柴为生的小伙子叫鲍全。有一年，他的双亲得了重病，因为家里穷，请不起大夫，只好眼睁睁地看着父母相继去世。从此，他立志学医以解除天下穷人病痛，便一边打柴，一边向南山一位和尚师父请教医道。一天，鲍全碰到一个白胡子老头，为老头治了病,老头见鲍全一天到晚为穷哥们治病太辛苦,就告诉他泰山黑龙潭的水能治瘟疫,并送给他一根拐杖让他到那里取水。鲍全拿着拐杖很快来到泰山黑龙潭,用拐杖钩桶下潭提水。谁知那拐杖见了潭水就钻,把鲍全带到水里。原来水底是龙宫,白胡子老头是龙王的哥哥,拐杖是老头的儿子所变。龙王感谢鲍全救了他的哥哥,要送给鲍全一件礼物。鲍全看上龙宫里一把不住地向外"骨突"冒水的白玉壶,就要了它。州官知道了这个消息,就派公差找鲍全"借"宝壶。鲍全知道这一借必无还,便赶紧在院子里挖了一个深坑把宝壶埋起来。州官差人在院子里乱挖乱翻,终于挖到那把宝壶。可是宝壶怎么也搬不动,差役们有的扳壶嘴,有的扳壶把,有的使劲推,突然,"咕咚"一声,壶口"呼"地窜出一股大水,直冲向半空,把几个公差淹死了。溅起的水花洒满全城,水花落处,即出现水泉,从此济南变成有名的泉城。天长日久,这股水一直在冒着,人们根据它骨突骨突向外冒的形貌,叫它"趵突泉"。

珍珠泉

珍珠泉在济南泉城路北的珍珠泉饭店大院里。泉池约1亩见方,泉水明净清澈,一串串水珠从泉底上涌,如珠如玑,故名珍珠泉。清代王昶《珍珠泉记》云:"泉从沙际出,忽聚忽散,忽断忽续,忽急忽缓,日映之,大者为珠,小者为玑,皆自底以达于面。"人们形容这里的景观是"跳珠溅雪碧玲珑"。附近还有散水泉、朱砂泉、腾蛟

济南珍珠泉

泉、溪亭泉等十一处泉水，均流入大明湖。清代刘鹗《老残游记》所描绘的"家家泉水，户户垂杨"的景色，当主要在这一地区。

人们传说，珍珠泉的串串"珍珠"是当年舜的两个妃子——娥皇和女英的眼泪所化。远古时代，历山（今千佛山）下出了一个大贤人——舜，他从小就跟着当地黎民百姓在山下耕种，在群体生活中逐渐显示出超人的品格和才能，三十多岁就被人们推举为首领。尧听说后把自己的两个女儿娥皇和女英嫁给舜，以后又将国君之位禅让于舜。舜勤于政事，常四方巡视。有一年，舜远行南方。不久，山东一带久旱无雨，娥皇、女英便带领父老兄弟早晚祈祷上天降雨，但姐妹二人膝盖跪出了血，天空还是没有一丝云彩。姐妹俩又带领大家向龙王要水，人人双手都磨起血泡，终于挖出一口深井。正在这时，南方传来舜帝病倒于苍梧的消息，娥皇、女英当即启程南行。看着挥泪话别的人们，她们禁不住串串泪珠洒落大地。突然，"哗啦"一声，泪珠滴处冒出一股清泉，泉水像一串串珍珠汩汩涌出，这就是今天的珍珠泉。后人有诗曰："娥皇女英惜别泪，化作珍珠清泉水。"

黑虎泉

黑虎泉在济南老城的东南角，泉水自悬崖下深凹形的洞穴里汩汩上涌，清似琼浆，绿如翡翠。泉水通过洞前三个石雕虎头往外喷出，注入一方形池中，又争先恐后地挤出池子，流入古老的护城河。黑虎泉很早以前已是游览胜地，明代《历乘》记载："金虎泉，即黑虎泉也。崖下水出，汇为一池，溅溅有声，流入城壕，其清可鉴眉须。"其时人刘敕曾这样描写黑虎泉："喷珠飘练，澄彻可鉴眉睫。泉溢而出，轰轰下泻，澎湃万状，飘者若雪，断者若雾，缀者若流，挂者若帘，泻为园地，名曰'太极'。池中屹然一巨石，水石相击，珠迸玉碎，缧洄作态，其声如昆阳巨鹿之战，万人鸣鼓击缶……十丈外朦朦洒人，不寒而栗。"

关于黑虎泉的泉名，有这样一个传说：宋代，这里还是一片荒野。一天深夜，村民们被吼声惊醒，看见两只猛虎正在相斗，一只黑色，一只金色。后来黑色的钻进东边洞穴，金色的逃进西边泉中。

天亮后,大家果然发现洞里面有一只曲身伏卧的老虎。天长日久,老虎不见了,在老虎伏卧的地方出现了一尊虎形石头,石头上长满苔藓,就像虎毛一样。泉水从石虎下涌出,隆隆作响。尤其当夜半时朔风吹入石缝,洞里常常回荡着虎啸般的吼声。明代诗人晏璧《黑虎泉》诗描述道:"石蟠水府色苍苍,深处浑如黑虎藏,半夜朔风吹石裂,一声清啸月无光。"据说,黑虎一直藏在洞中,已经变成了神灵。每逢初一、十五人们常前去烧香焚纸,祈求黑虎神保佑平安,还建了黑虎庙,把泉也叫黑虎泉。

大明湖

[半城湖色 无限风韵]

泉城济南的明珠大明湖,位于市中心偏北。珍珠泉、芙蓉泉、王府池等多处泉水汇入,水面46.5公顷。一湖烟水,荷花映日,垂杨飘拂,景色佳绝。沿湖众多亭台楼阁、水榭长廊,更添一番风韵。

荷艳柳垂悦心目

大明湖的名称始见于北魏郦道元的《水经注》:"其水(指泺水即趵突泉)北为大明湖,西即大明寺,寺东北两面侧湖。"但其中所说的大明湖,在今五龙潭的北面偏东,现已湮没。现在的大明湖,《水经注》称"陂"、"历水",北宋时称西湖,金代始称大明湖。元好问《济南行记》:"亭之下,湖曰大明,其大占城三之一。"其时,古大明湖当已濒于消失,以西湖袭用其名。

关于大明湖的形成,民间有一个美丽的传说:很早以前,南山下一个村子里住着一对青年男女,男的叫杨柳,女的叫荷花。两人从小青梅竹马,一块玩耍。到十七八岁时,杨柳长成身高膀宽的小伙子,荷花长成如花似玉的大姑娘。两家父母一商量,就给两人订了终身。谁知大明府的明员外看上了荷花,想把她娶过来当小老婆,叫一个外号"画眉舌头"的赵媒婆去说媒。赵媒婆捧着彩礼来到荷花家,用甜言蜜语又哄又骗,被荷花轰了出去。两家父母一看情况

济南大明湖

不好,第二天就让杨柳与荷花成亲。可明员外又生坏点子,串通官府把杨柳抓丁出征。荷花与杨柳含泪相别,互约永不变心。明员外再生诡计,派一群狗腿子把荷花抢进大明府抵债,荷花知道这次去难以生还,就在袖筒里藏了一把剪子,乘明员外不备,杀死了这个作恶多端的恶霸。几个狗腿子发现后追过来,荷花便一头扎进一个大养鱼池里。突然间,"轰隆"一声巨响,大明府整个陷到地底下去,接着冒出一湖清水,就是今天的大明湖。不久,杨柳立功回家,找他的荷花妹妹来到大明湖,只见湖面上渐渐冒出几片绿叶,接着一朵花儿钻出水面,粉红的花瓣就像荷花妹妹的容颜。杨柳连叫几声"荷妹",那花似乎在微微点头作答。杨柳呆呆地站在那里一动也不动,慢慢地变成一棵杨柳,手臂化为一枝枝柳条,一直垂到湖面,仿佛要把荷花拉上来似的。

文人骚客共吟哦

　　大明湖自宋代以来即为游览胜地，文人墨客在这里留下了许多诗文。北宋著名文学家、齐州（今济南）知州曾巩就有不少诗提到西湖即大明湖，如"左符千里走东方，喜有西湖六月凉"，"好在西湖波上月，酒醒还对纸窗明"等。金人元好问《济南行记》称这里"秋荷方盛，红绿和绣，令人渺然有吴儿洲渚之想"，并作《汎舟大明湖·待杜子不至》诗，抒发了自己"漾舟荷花中十余里"的情怀："……大明湖上一杯酒，昨日绣江眉睫间。晚凉一棹东城渡，水暗荷深若无路。江妃不惜水芝香，狼藉秋风与秋露。兰襟郁郁散芳泽，罗袜盈盈见微步。晚晴一赋画不成，枉着风标夸白鹭。我时骖鸾追散仙，但见金支翠蕤相后先。眼花耳热不称意，高唱吴歌叩两舷。唤取樊川摇醉笔，风流聊与付他年。"作者驰骋丰富的想像力，创造了一个梦幻般的神奇境界。

当年,马可·波罗游览了大明湖以后,也称赞其"园林美丽,堪悦心目,山色湖光,迎接不暇"。

大明湖西北岸有小沧浪亭,居园中临湖处,三面荷池,境界幽美。在这里观景,别有一番风味。清嘉庆九年(1804)七月,山东巡抚铁保曾在此设宴款待金门学使刘风诰(江西萍乡人,别号"金门"),刘于席上即景赋成一副对联:"四面荷花三面柳,一城山色半城湖"。铁保大为赞赏,随即挥笔书写,刻石留念,墨迹刻石至今仍镶嵌在亭西廊墙壁上。晚清刘鹗小说《老残游记》曾生动地描绘了在这里俯视大明湖、远眺千佛山的所见所闻:

……对面千佛山上,梵宇僧楼,与那苍松翠柏,高下相间,红的火红,白的雪白,青的靛青,绿的碧绿,更有那一株半株的丹枫夹在里面,仿佛宋人赵千里的一幅大画,做了一架数十里长的屏风。正在叹赏不绝,忽听一声渔唱。低头看去,谁知那大明湖业已澄净的同镜子一般,那千佛山的倒影映在湖里,显得明明白白。那楼台树木格外光彩……

大明湖南门外,有《老残游记》所写的美人王小玉说书的明湖居原址(今明湖居为后来重建)。

大明湖畔名士多

明湖居往西,过遐园,便是纪念南宋著名爱国主义词人辛弃疾的稼轩祠。"辛稼轩纪念祠"匾额是陈毅元帅所题,正厅当中有辛弃疾的塑像,正厅及厢房陈放着辛弃疾的著作和当代名人为纪念他而作的字画。此祠原为李鸿章的"李公祠",1961年改为"稼轩祠"。

辛弃疾,字幼安,号稼轩,济南东郊四风闸人。他既是伟大的词人,又是南宋抗金英雄。他出生时,山东已为金人所占。二十一岁时,他聚合了两千多人马去泰山投奔耿京领导的抗金起义军。第二年,奉命去临安与南宋朝廷联系联合抗金事。宋高宗赵构当时欣然接受了耿、辛主张。谁知,义军将领张安国被金人收买,杀害了

济南辛稼轩纪念祠

耿京,出卖了义军。辛弃疾义愤填膺,率五十骑突入五万人的金营,在"庆功宴"上活捉了张安国,将其缚回建康,斩首示众。然而,由于南宋朝廷的腐败,辛弃疾终究壮志难酬。他屡经坎坷后,晚年闲居在家,只能借词消愁。一天,"有客慨然谈功名,因追念少年时事,戏作"《鹧鸪天》:"壮岁旌旗拥万夫,锦襜突骑渡江初。燕兵夜妮银胡𬭎,汉箭朝飞金仆姑。追往事,叹今吾,春风不染白髭须。却将万字平戎策,换得东家种树书。"在这首词里,他追忆了当年领导义军抗金、率领锦衣轻骑活捉张安国等往事,表达了自己未能实现抗金报国愿望的感慨。其中"万字平戎策"指他南归后所上的《美芹十论》、《九议》等奏。他的词风格多样,但以豪放为主调,与苏轼并称为苏辛。郭沫若1959年用"铁板铜琶继东坡高唱大江东去,美芹悲黍冀南宋莫随鸿雁南飞"的联句,概括了辛弃疾词作的成就和政治抱负。这副对联现悬于祠堂正厅的大门两边。

出稼轩祠,循迤园曲廊至湖岸渡口,可乘船至湖中历下亭。历下亭始建于北魏年间,原在五龙潭附近。唐天宝四年(745),大诗

辛稼轩诗意画　吕凤子

人杜甫途经济南,北海太守、书法家李邕(《文选》注者李善之子)在历下亭设宴款待他。杜甫即席作《陪李北海宴历下亭》诗,其中有"海右此亭古,济南名士多"的诗句,被传为名句。北宋后,亭移于大明湖南岸。清康熙三十二年(1693),于大明湖中重建历下亭,《聊斋志异》的作者蒲松龄应山东布政使喻成龙之请来济,新亭落成宴上曾作《古历亭赋》。现亭上悬清高宗(乾隆)御书"历下亭"匾额,亭前回廊楹联为清代书法家何绍基所书的杜甫名句:"海右此亭古,济南名士多。"

大明湖北岸西边有铁公祠,铁公即明初的山东参政铁铉。当时在燕王朱棣和他的侄子明惠帝(建文帝)朱允炆争夺帝位的"靖难之役"中,铁铉站在正统皇室建文帝一边,镇守济南,抵抗朱棣。他先在城墙上竖起太祖朱元璋的牌位使燕兵无法开炮;后又诈降,在城门上设铁闸板准备在朱棣进城时将他砸死。兵败后,他被投油锅惨遭杀害,家族男丁全被杀死,妻女充作营妓。后人为了纪念他,修建了铁公祠。

大明湖的东北隅还有纪念宋代文学家曾巩的南丰祠。曾巩任齐州太守时,曾主持兴修水利,建立北水门,治理了水患,人们于是建祠纪念他。

济南大明湖历下亭

千佛山

[齐烟九点　舜禹留迹]

　　千佛山在济南城南,原名历山,又名舜耕山、禹登山。隋开皇年间(581—600),在此山及其附近群山的悬崖峭壁上雕凿了很多佛像,故称千佛山。

　　由西盘路上山,过唐槐亭,就能看见那座"齐烟九点"的牌坊了。牌坊原是借用唐朝诗人李贺《梦天》诗里的句子而取名的,此诗描写诗人梦中游天的幻境,尾句是:"遥望齐州九点烟,一泓海水杯中泻。"意思是说站在月宫远远下望,九州(这里泛指中国大地,古代中国划为九州)犹如九点烟,大海犹如一杯水。因济南古称齐州,建坊者便借诗造景。今天人们站在山上往北眺望,远处座座山峰烟云缭绕,隐约可见,似也能领略诗中意境。

济南千佛山隋唐雕像

拾级而上，过"云径禅关"坊，便来到兴国寺北门。兴国寺创建于唐太宗贞观年间（627—649），明、清时都曾重修过。大门两侧有一副对联，颇令人玩味："暮鼓晨钟惊醒世间名利客，经声佛号唤回苦海梦迷人。"寺内南崖上的千佛崖，有镌于隋开皇七年至二十年（587—600）的佛像浮雕。其中，极乐洞中的观世音、阿弥陀佛、大势至三尊造像最为精湛。千佛山以东的佛慧山主峰下还有一大佛龛，龛内有唐天宝年间造的大石佛，高7米多，宽4米多，神采俊逸，雄伟壮观。往西南的黄石崖则有北魏时期的佛像，为千佛山系最古老的石窟造像之一。

极乐洞东有黔娄洞，洞口有一题刻，记述黔娄子隐居此洞的传说。黔娄是春秋时齐国的高士，齐、鲁国君都请他做官，他坚辞不就。齐威王曾亲临此洞请教，为了表示尊重，他远远就下马脱靴，徒步进洞。黔娄死后，因家贫如洗，盖体的被子太短不能盖满全身，有人建议将被子斜盖以盖住全身，黔娄的妻子说："斜之有余，不如正之不足，先生生前不斜，死后斜者，不是先生之意。"东晋诗人陶渊明曾作《咏贫士》赞黔娄等人："安贫守贱者，自古有黔娄。好爵吾不荣，弊服仍不周。……"

因相传舜和娥皇、女英曾带领百姓在历山耕种田地，故此山又名舜耕山。现在，山上仍有舜祠及舜、娥皇、女英像等与舜及二妃有关的遗迹。此外，历山还有禹登山之称，这里也有一个故事：禹即位后，为天下治水，三过家门而不入。水患渐消，但东海有一个水怪叫巫支祁的又出来跟禹作对。他把虾兵蟹将都纠集起来，命令它们发东海的水把神州再变成汪洋。一时间，田地被淹，房屋被冲，历山也快被吞没了。禹急忙带领黎民百姓赶在大洪水之前登上泰山避难，又亲自扎起木筏来到历山山顶观察水势。他抛出照妖镜一照，发现巨浪后面有一条黑蛟在张牙舞爪，立刻跳进水里跟巫支祁搏斗，终于战胜了巫支祁。由于禹战水怪前曾登上历山观察水势，所以这山又叫"禹登山"。

李清照纪念堂

[梧桐细雨　词坛豪杰]

在济南趵突泉公园内漱玉泉北侧,有近年所建宋代杰出女词人李清照的纪念堂。纪念堂清泉环绕,绿竹映阶,雅致清幽。

李清照(1084—1151?),号易安居士,济南人。因其有《漱玉集》,后人便认定李清照的故居就在这漱玉泉畔。纪念堂建于原清代山东巡抚丁宝桢祠堂旧址之上。系仿宋式建筑,大门上挂着郭沫若所题"李清照纪念堂"匾额,堂前还有他题写的楹联:"大明湖畔趵突泉边故居在垂杨深处;漱玉集中金石录里文采有后主遗风"。陈列厅里展示着女词人的画像和著作,还有其父撰文的碑石拓片和其夫登泰山的题名刻石拓片,以及当代著名学者作家叶圣陶、冯沅君、臧克家、夏承焘、唐圭璋等人的题字等。

李清照生于一个充满书香气息的家庭,父亲李格非精通经史,长于散文,官至京东路提点刑狱;母亲王氏也知书能文。在家庭的熏陶下,她小小年纪便文采出众。她曾作《如梦令》,描述她少女时代在济南的欢乐生活:"常记溪亭日暮,沉醉不知归路。兴尽晚回舟,误入藕花深处。争渡,争渡,惊起一滩鸥鹭。"宋时,济南城西确有"溪亭"。在这首词里,少女游溪亭的欢欣之态溢于字里行间。

李清照纪念堂内景

李清照十八岁时，在汴京与太学生、丞相赵挺之的儿子赵明诚结婚。赵明诚知识渊博，致力于金石文学研究和书籍文物收藏，后来成为著名的金石学者。夫妻情好，常投诗报词。一年重阳节，李清照作了那首著名的《醉花阴》，函寄给在外为官的赵明诚："薄雾浓云愁永昼，瑞脑销金兽。佳节又重阳，玉枕纱厨，半夜凉初透。东篱把酒黄昏后，有暗香盈袖。莫道不销魂，帘卷西风，人比黄花瘦。"秋闺的寂寞与闺人的惆怅跃然纸上。据《嫏嬛记》载，赵明诚接到词后叹赏不已，又不甘下风，就闭门谢客、废寝忘食三日三夜，写出五十阙词。他把李清照的这首词也杂以其间，请友人陆德夫品评。陆德夫把玩再三，说："只三句绝佳。"赵明诚问是哪三句，陆德夫答："莫道不销魂，帘卷西风，人比黄花瘦。"

宋钦宗靖康二年（1127），北方金族大举侵宋，攻破汴京，俘虏了徽宗、钦宗父子，高宗仓皇南逃。李清照夫妇也先后渡江南去，第二年赵明诚病死于建康（今南京）。李清照漂泊江南，在孤苦凄凉中度过了晚年。她在极端困难的条件下，把丈夫所著的《金石录》遗稿整理成书，使之得以保存流传。这一时期，词人连遭国破、家亡、夫死之痛，所作词章更为深沉感人。如那首著名的《声声慢》：

寻寻觅觅，冷冷清清，凄凄惨惨戚戚。乍暖还寒时候，最难将息。三杯两盏淡酒，怎敌他、晚来风急？雁过也，正伤心，却是旧时相识。满地黄花堆积，憔悴损，如今有谁堪摘？守着窗儿，独自怎生得黑？梧桐更兼细雨，到黄昏、点点滴滴。这次第，怎一个、愁字了得？

开头用一连串叠字，描述自己孤凄无依的心境。整首词细腻曲折，扣人心弦。李清照在南渡初期，还写过一首雄浑奔放的《夏日绝句》："生当作人杰，死亦为鬼雄。至今思项羽，不肯过江东。"借项羽的宁死不屈反刺徽宗高宗父子的丧权辱国，痛快淋漓。

李清照作为我国文学史上最杰出的女作家、婉约派词人的卓越代表，她的许多风格清丽、委婉含蓄的词章至今仍有巨大的艺术感染力。

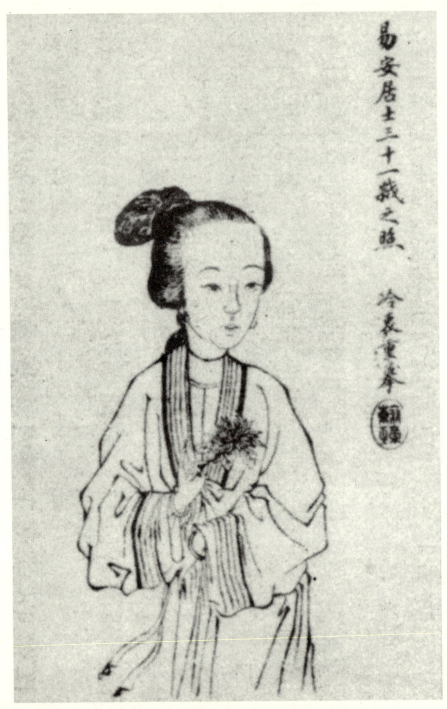

清人绘李清照像

玉函山

[青鸟栖居之所]

唐代段成式《酉阳杂俎》载,齐郡函山有一鸟,"足青,嘴赤黄,素翼,绛额,名王母使者"。当年汉武帝登此山时,得到王母一个长5寸的玉函,下山时,玉函忽然化为一只白鸟飞去。据说,王母玉函仍存于此山中,由王母使者青鸟守护。这座"齐郡函山",相传就是现在济南旧城南面约20里处的玉函山。玉函山别名卧佛山,因为山的东麓有一村名叫兴隆庄,亦称兴隆山。它海拔500多米,绝壁峭立,谷壑幽深,景色佳美。山上有碧霞宫、卧佛寺等古迹,原有庙祀西王母,还有一水池,称瑶池。

历代关于西王母与青鸟的描述不少,多以青鸟为西王母传信使者。《古小说钩沈》辑《汉武故事》载:"七月七日,忽见有青鸟来集殿前。……是夜漏七刻,王母至,有二青鸟如乌,夹侍母傍。"后人因称妇女传信使者为青鸟。唐代李商隐的《无题》诗就用了这个典故:"相见时难别亦难,东风无力百花残。春蚕到死丝方尽,蜡炬成灰泪始干。晓镜但愁云鬓改,夜吟应觉月光寒。蓬山此去无多路,青鸟殷勤为探看。"明代于慎行的《玉函山眺望》也有"青鸟不归丹鹜远,仙踪佛地两徘徊"的诗句。

北马鞍山

[齐晋大战华不注]

据《左传》等记载,春秋时,在齐国的鞌地,发生过一次著名的战争。前592年春,晋国的郤克、鲁国的季孙行父、卫国的孙良夫和曹国的公子首同时出使齐国。这四位使者都有点生理缺陷,郤克瞎一眼,季孙行父秃头,孙良夫瘸脚,公子首驼背。轻浮的齐国国君齐顷公有意捉弄他们,安排了和他们有同样生理缺陷的四个人来陪同,并让自己的母亲和宫中妇女在一旁观看、哗笑。使臣们遭此羞辱,决心报复。第二年,齐顷公又先后侵略鲁国和卫国,两国都到晋国求救，晋景公便于前589年拜郤克为中军大将，联合鲁、卫、曹三国共同伐齐。齐顷公率军迎击，双方列阵于鞌，齐顷公骄横轻敌，马不披甲就上了战场，还扬言要消灭了对方再吃早饭。开始，齐军向对方放箭，郤克受伤，流出的血把鞋子都浸湿了，但郤克仍继续击鼓催战。晋军听到鼓声，士气振奋，终于大败齐军。齐军溃退，晋军紧追，一前一后"三周华不注"。齐国大臣逢丑父见情况紧急，就在车上和齐顷公换了衣服，交换了座位，冒充齐顷公。当战车奔至华不注山下的华泉时，树木挂住了马的缰绳，晋军赶上来了。逢丑父镇定地以国君自居，命令齐顷公下车去华泉取水，以自己的被俘换取了齐顷公的逃脱。

这次战役的发生地"鞌"，人们多认为即济南北面的北马鞍山，华不注山则在济南北郊。有人考，"华不注"古音"华跗朵"，即荷花的花骨朵，以山如含苞的荷花而得名。北魏郦道元《水经注》形容它"虎牙桀立，孤峰特拔以刺天，青崖翠发，望同点黛"。因其景色秀丽，引发人们很多美好的想像。唐代诗人李白游山时，写下了诗篇："昔我游齐都，登华不注峰。兹山何峻秀，绿翠如芙蓉。萧飒古仙人，了知是赤松。借余一白鹿，自挟两青龙。含笑凌倒景，欣然愿相从。"

|蒲松龄故居|

[《聊斋志异》的故乡]

在淄博市淄川区黉山南麓，有一个叫蒲家庄的幽僻山村，清代著名文学家、《聊斋志异》的作者蒲松龄的故居便坐落于此。

蒲松龄（1640—1715），字留仙，一字剑臣，别号柳泉居士，出生在蒲家庄一个破落的地主兼商人的家庭。他自幼随父读书，聪慧过人，十九岁"初应童子试，即以县、府、道三第一"，考中秀才，受到当时山东学政施闰章的赏识。施闰章称赞他"观书如月，运笔如风"。但以后在乡试中却屡试不第，直到七十一岁时才依惯例成为"岁贡生"。一生中，他三十岁前在家读书，中年除一度在江苏宝应县做幕宾外,都在离家不远的西铺村毕家私塾授徒,七十一岁撤帐归家。在文学上,他最大的成就是以深微的寄托手法写成《聊斋志异》。这部收存491篇故事的巨著借写花妖、狐魅、鬼怪,深刻地揭露了封建社会的腐败,讽刺鞭挞了贪官虐吏、豪强劣绅,对黎民百姓寄予深切的同情,有强烈的批判精神。他在这部书的《自志》中道明写作动机:"集腋成裘,妄续幽冥之录;浮白载笔,仅成孤愤之

蒲松龄先生造像
马振声

蒲松龄故居内聊斋

书;寄托如此,亦足悲矣!"这部书他动笔于青年时代,四十岁时已初具规模,后不断补充,直至年届古稀。

故居为四进院落,门楣上悬挂着郭沫若题写的匾额:"蒲松龄故居"。院里瓦舍茅屋相间,花丛瓜架错落,具有书屋、农舍特有的情趣。书房"聊斋"里,高悬已故蒲松龄研究专家路大荒手书的"聊斋"匾额,匾下是蒲松龄七十四岁时身着公服、手捻银须的画像。画中蒲松龄神采飘逸,但眉宇间微露悲愤感慨。其上有蒲松龄亲笔题词二则。其一:"尔貌则寝,尔躯则修,行年七十有四,此两万五千余日,所成何事,而忽已白头,奕业对尔孙子,亦孔之羞。"其二:

"癸巳九月,筠嘱江南朱湘鳞为余肖此像,着世俗装,实非本意,恐为百世后所怪笑也。"画像两侧有郭沫若手书楹联:"写鬼写妖高人一等;刺贪刺虐入骨三分"。室内陈列蒲松龄当年在西铺村设馆时用过的桌、椅、床、几等家具,及两方端砚、各种石景。聊斋著作展室里,展放着几百种不同版本的聊斋。其中有半部《聊斋志异》手稿的影印本,传说由蒲松龄的长男蒲箬一支留传下来;有1880年英

清人绘蒲松龄像

蒲松龄用过的砚台和手炉

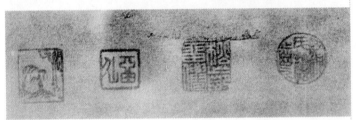

蒲松龄用过的印章

国希·阿·格里斯译的英文本、日本大正十五年的日文本等。还有新版《蒲松龄集》上下两卷,以及蒲松龄的诗、词、文、俚曲、杂著等各种传抄本。

聊斋正房后面新建六间展室,展出了关于蒲松龄的各种论文和专著,以及当代名人为蒲松龄故居所作的题词、书画等。其中有胡厥文的题诗:"若若宏才未得申,挥毫弄墨染风尘;意弥情挚开金石,天顺人和狐鬼训。绣口锦心无若有,生花彩笔假扰真;千篇恩爱悲欢剧,易俗移风劝世人。"作家老舍的题词:"鬼狐有性格,笑骂成文章。"

蒲松龄故居往东200米处,便是著名的柳泉。柳泉原名满井,过去这里翠柳笼盖,井水外溢,风景宜人。相传蒲松龄曾在此设茶备烟以等待过往行人,听他们谈狐说鬼,搜集写作《聊斋》的素材。作者在书的《自序》中也写道:"才非干宝,雅爱搜神,情同黄州,喜人谈鬼。闻则命笔,遂以成篇。久之,四方同人,又以邮筒相寄,因而物以好聚,所积益伙。"证明书中故事多采自民间。因蒲松龄爱恋这个地方,故自号"柳泉居士"。今日柳泉绿柳依旧,旁有石碑一通,上书当代文学家茅盾所题"柳泉"二字。

|淄 博|

[齐国故城子闻韶]

淄博位于山东省中部,鲁中南山地北麓。淄博历史久远,几经变更。张店古称黄桑店,战国时为古昌国城,金始称张店。临淄为古齐国都城,自齐献公建都已六百余年,有"海内名都"之称。淄川西汉时设般阳县,因县在般水之阳,故名。北魏改见丘县,隋开皇十八年改名淄川,沿袭至今。周村西汉时设县,早在明清即有"丝绸之村"盛名。博山古名颜神镇,清雍正年间始设博山县。"淄博"一名为淄川、博山两县合称。淄博有齐国故城遗址、桓公台、孔子闻韶处、二王冢、三士冢、四王冢、管仲墓、晏婴墓等名胜古迹。

齐国故城:海内名都

齐故城位于今临淄城的西部和北部,南有牛山、稷山、名泉"天齐渊",东北两面是辽阔的原野,距渤海百余里;西依系水,东濒淄水,临淄就因紧傍淄水而得名。

齐都遗址

远在新石器时代，繁衍生息于齐地的先民，是以鸟为图腾的爽鸠氏。尧舜、夏禹及殷商时期，季崱逄伯陵因袭治此。姬氏周族亡商后，始推大封建制，姜太公（吕尚、望）受封齐地，建都营丘，从而开拓疆域，建立齐国，是为姜齐。从公元前11世纪姜太公封齐建国，经春秋桓公称霸，战国威宣称雄，至西晋废齐，临淄作为诸侯王国的都城累计1300余年。战国时，临淄城中7万户，殷实富足，正如当时著名纵横家苏秦所描述的："其民无不吹竽鼓瑟，击筑弹琴，斗鸡走犬，六博蹋鞠。临淄之途，车毂击，人肩摩，连衽成帷，举袂成幕，挥汗成雨。"特别值得一提的是，当时诸子百家争鸣，临淄建立了"稷下学宫"，文人学士"多至数千人"，形成了著名的"稷下学士群"。西汉时期，临淄仍是一个"有户十万，市租千令，人众殷富，钜于长安"的天下名都。

齐国故城是1961年国务院公布的第一批全国重点文物保护单位，面积15.5平方公里，包括大城和小城两部分。小城嵌筑在大城的西南隅，是宫城，平面呈长方形，东西长1.4公里，南北长2.2公里。城的北部是宫殿区，西部是苑囿区，这里曾修建了大规模的离宫别馆，建筑华丽，景色优美。两城巧相衔接。大城南北4.5公里，东西3.5公里，是官吏、平民及商人居住的郭城，正所谓"三里之城，七里之郭"，"筑城以卫君，造郭以守民"。

故城残垣至今尚存，夯筑痕迹依稀可辨。据文物部门探测，故城城墙有的呈直线，有的沿河岸蜿蜒曲折，有城墙拐角二十四处。这种不规整的设计，被认为是出于军事上的需要。因为当时齐国的主要敌对势力是东方的莱夷（胶东半岛上的土著民族），整个城市建址在淄河西岸就是为了因河设防，保卫城市，打击敌人的进犯。小城墙基宽一般在20至30米，最宽处达55米至67米。大城墙基宽均在20米以上，最宽处达43米。大小城总周长约计42里，设有城门13座，城门道宽度都在8.2米以上，最宽者竟达20.5米。

城内交通与排水布局比较规整、科学，今已探明有纵横交叉的十条交通干道，将天然的河流、城壕（护城河）和城内的河道紧密地联系在一起，构成了一个完整的排水网。

故城内外有冶铁六处、冶铜两处、铸钱两处、制骨四处等手工

临淄出土春秋人形足敦

业作坊遗址,从这些遗址中不断发掘出巨型铁渣和铜渣、炉渣以及大量的齐刀币、钱范和赅化圜钱,还有十分精致的装饰用骨制品等,是研究春秋战国时期我国古代生产技术发展的重要文物资料。

曾为京为城的临淄齐国故都,是我国古代的一个重要的政治、经济、文化中心和规模最大的早期城市之一。虽已看不到豪华的楼台亭榭、巍峨旖旎的宫阙古刹,但总的说,仍是保存较好的一座古代中国的重要城市。故城内外地上地下浩繁的文物古迹,既充分反映着我国古代劳动人民的聪明才智和当时生产技术的水平,又为我国古代历史研究提供了颇有价值的资料。它是著名的齐鲁文化的重要组成部分,是我们伟大祖国悠久历史和古老文明的见证。

1983年在齐故城遗址建立了博物馆,系室内陈列与室外陈列相结合的露天型博物馆。仿古型堡式文物陈列室展出数百件齐故城出土文物,露天陈列点有:东周殉马坑、齐故城墙下排水道、"孔子闻韶处"碑、大小城墙剖面、桓公台、三士冢、晏婴墓、太公衣冠冢、田齐六陵、石刻艺术陈列馆等。

韶院村:孔子闻韶

大城东南部今韶院村,是孔子观摩齐国乐舞——韶乐的地方。

孔子对帝舜时之韶乐推崇备至,称其"尽善矣!尽美矣"。《论语·述而》曰:"子在齐,闻韶乐,三月不知肉味"。村内有清宣统年间所立"孔子闻韶处"石碑。据民国初年《临淄县志》载:"相传清嘉庆时,于城东枣园村掘地得古碑,上书'孔子闻韶处',后又于地中得石磬数枚,遂易村名为韶院。至宣统时,古碑已无下落,村民恐古迹湮没无传,故另立石碑,仍刻'孔子闻韶处'。"可以说,这里曾是齐国的音乐宫。

二王冢:桓公争霸 景公沾衣

在淄博市临淄区郑家沟南鼎足山,有二冢东西并列,坟高约20米,长120余米,因山而坟,封土高大。据传分别为春秋时齐国国君齐桓公、齐景公之墓。

齐桓公,名小白,襄公弟。公元前685年,襄公以及取代襄公自立的公孙无知先后被杀,小白从莒国回国取得政权。他不计前嫌,任命原辅佐另一位公子纠的管仲为相,进行改革,富国强兵。据《史记·齐太公世家》载:"桓公既得管仲,与鲍叔、隰朋、高傒修齐国政,连五家之兵,设轻重鱼盐之利,以赡贫穷,禄贤能,齐人皆说(悦)。"二年灭郯,五年伐鲁,"诸侯闻之,皆信齐而欲附焉。七年,诸侯会桓公于甄(今山东鄄城北),而桓公于是始霸焉"。进而,桓公以尊王攘夷为号,助燕败戎,救卫制狄,攻蔡盟楚,安定周室,会盟诸侯,进一步确立了春秋时第一个霸主的地位。在今临淄齐国故城小城内宫室建筑群中有"桓公台",秦汉时称"环台",魏晋间称"营丘",唐长庆中于其上建齐桓公与管仲庙,称"桓公台",传说为齐桓公会见诸侯、检阅兵马之所。此台遗址高14米,长86米,宽70米,台顶有两层,台南缓坡,台东、西、北三面皆是陡壁,台前有"桓公台建筑遗址"刻石。

公元前643年(齐桓公四十三年),齐桓公病逝,葬于鼎足山。相传入葬时诸侯来送,各赠其国之土,至今坟上土色不一。

齐景公,名杵臼,公元前547至前490在位。他任命晏婴为相,名显诸侯,有治绩。其"牛山沾衣"之事曾传为典故。据《晏子春秋》载:"景公游于牛山,北临其国城而流涕曰:'若何滂滂去此而

临淄桓公台

死乎!'艾孔、梁丘据皆从而泣。晏子独笑于旁。公刷涕而顾晏子曰:'寡人今日游悲,孔与据皆从寡人而涕泣,子之独笑,何也?'晏子对曰:'使贤者常守之,则太公、桓公常守之矣;使勇者常守之,则庄公、灵公常守之矣。数君将守之,则吾君安得此位而立焉?……此臣之所以独窃笑也。"齐景公登牛山眺国都想到终有一死而哀叹流泪,但没想到假如几代君王都不死他又怎么能得到王位呢!他死后,也就葬在牛山附近的鼎足山,与桓公墓并列。今墓上灌木丛生,芳草萋萋。

三士冢:二桃杀三士

在淄博市临淄旧城南门外,有一基三冢,高约16米,东西110米,南北55米,传为春秋时公孙接、田开疆、古冶子三勇士之墓。这三位勇士死于晏子"二桃"计。

《晏子春秋》载:"公孙接、田开疆、古冶子事景公,以勇力搏虎闻。晏子过而趋,三子者不起。晏子入见公曰:'臣闻明君之蓄勇力之士也,上有君臣之义,下有长率之伦……今君之蓄勇力之士也,上无君臣之义,下无长率之伦,内不以禁暴,外不可威敌,此危国之器也,不若去之。'公曰:'三子者,搏之恐不得,刺之恐不中也。'晏子曰:'此皆力攻勍敌之人也,无长幼之礼。'因请公使人少馈之二桃，曰：'三子何不计功而食桃？'"于是三子皆论功争桃，互不相让，意气难平，先后自杀。另一说为三义士知晏婴蓄意陷害，不甘受辱，以死相拒。三士死后，齐景公以士礼同葬之，其墓即"三士冢"。《水经注·淄水》曰："淄水又东北经荡阴里西，水东有冢，一基三坟，东西八十步，是列士公孙接、田开疆、古冶子之坟也。"

"二桃杀三士"是著名的历史故事，常为后世作品所化用。嘉祥县出土的汉代石刻中曾有表现此故事的画面。汉乐府《梁甫吟》（旧题诸葛亮作）曰："步出齐城门，遥望荡阴里。里中有三坟，累累正相似。问是谁家冢？田疆古冶子。力能排南山，文能绝地纪。一朝被谗言，二桃杀三士。谁能为此谋？国相齐晏子。"唐代李白也在诗中写道："力排南山三壮士，齐相杀之费二桃。"均似有痛惜凭吊之意。1981年，国家又拨款于墓周围建砖石围墙422米，南设园门和映壁，映壁上嵌《梁甫吟》诗刻石和摹汉画像"二桃杀三士"刻石，立石碑上刻"三士冢"。

晏婴墓：三世名相

在淄博临淄区永顺庄南300米处，有齐相晏婴墓。墓高约20米，方圆410米，墓前立有明万历年间镌刻的"齐相晏平仲之墓"石碑一座和新刻的晏子像及生平简述，墓周围以砖砌围墙。

晏婴，字仲，谥平，故后人称晏平仲，夷维（今山东高密）人，世称晏子。他曾事齐灵公、庄公、景公三个国君，辅政40余年。据《史记·管晏列传》载，他"以节俭力行重于齐。既相齐，食不重肉，妾不衣帛。其在朝，君语及之，即危言；语不及之，即危行。国有道，即顺命；无道，即衡命。（做了齐相以后，吃饭不吃两道肉食，妾不穿绸衣。他在朝廷上，国君和他说话，他就正言以对；不和他说话，他就端正其行。国家有道的时候，他就顺从命令去做事；无道的时候，他就衡量命令，可以施行，才去照办。）以此三世显名于诸侯。"

他性机敏，善辞令，奉使不辱。《晏子春秋》记载了他出使楚国的一则故事：晏子短小，使楚。楚人为小门于大门侧而延晏子，晏子不入，曰："使狗国者从狗门入，今臣使楚，不当从狗门入。"王曰："齐无人耶？"对曰："齐之临淄，张袂成帷，挥汗成雨，何为无人？齐使贤者使贤王，不肖者使不肖王，婴不肖，故使王尔。"及婴坐，左右缚一人至，王问："何谓者？"曰："齐人坐盗。"王视晏子曰："齐人善盗乎？"晏子对曰："婴闻橘生江北则为枳，生江南则为橘，叶徒相似，其实味不同，水土异也；今此人生于齐不为盗，入楚则盗，得无楚之水土使为盗耶？"王笑曰："寡人反取病焉。"此外，民间还流传着关于他"景公三赐不受"等诸多传说。

管仲墓：管鲍之交传千古

淄博市临淄区牛山北麓，有齐相管仲墓。墓高约14米，东西长约36米，南北长约16米。

管仲（一前645），名夷吾，字仲，谥号敬，因以敬仲称之，春秋颍上（颍水之滨）人。少时与鲍叔牙为友，得到鲍叔牙始终如一的诚心相待，后人称之为"管鲍之交"。据《史记·管晏列传》载："管仲曰：'吾始困时，尝与鲍叔贾，分财利多自与，鲍叔不以我为贪，知我贫也。吾尝为鲍叔谋事而更穷困，鲍叔不以我为愚，知时有利不利也。吾尝三仕三见逐于君，鲍叔不以我为不肖，知我不遭时也。吾尝三战三走，鲍叔不以我为怯，知我有老母也……生我者父母，知我者鲍子也。'"鲍叔在管仲所辅的公子纠死后，把他推荐给齐桓公（小白）。管仲遂任政于齐，为相，进富国强兵之策，协助齐桓公实行改革，成就霸业。其为政，要在富民，崇尚法治，主张罚不避亲贵，举贤选才，提倡察身能而受官，强调"仓廪实而知礼节，衣食足而知荣辱，上服度则六亲固"。于是齐国迅速强盛起来，桓公得以"九合诸侯，一匡天下"，成为春秋五霸之首。

管仲墓前，旧有墓石一座，上刻毛维骐诗曰："幸脱当年车槛灾，一匡霸业为齐开。可怜三尺牛山土，千古长埋天下才。"今碑已无存。1981年，国家拨款在墓周砌砖石围墙173米以护墓，墓前立石碑两座，一刻"齐相管夷吾之墓"，一刻管仲像。

殉马坑：千乘之国不虚言

东周殉马坑在齐国故都城北淄河东岸。经1964年和1972年两次发掘,已探测出殉马坑的基本状况:殉马坑环绕在一座"甲"字形石椁大墓周围。东、西、北三面相连,各长210米。现已先后发掘坑道84米,共清理殉马228匹。这些马分成两行排列,均马头向外,侧卧昂首,作奔跑状,气势颇为壮观。按已挖部分推算,全部殉马当在600匹以上。这个规模,在已经进行的考古发掘中是仅见的。

经考古工作者鉴定,该殉马坑的墓主为齐景公。景公主政时,齐国国力强盛,号称"千乘之国"。《论语·季氏》即载:"齐景公曾有马千驷。"现发掘的殉马数量如此之多,且均为公马、战马,确实不仅说明了齐国王室的奢侈,同时也反映了当时齐国国力的强盛。

为保护殉马坑现场,并提供认识古代社会的机会,1983年在殉

东周殉马坑

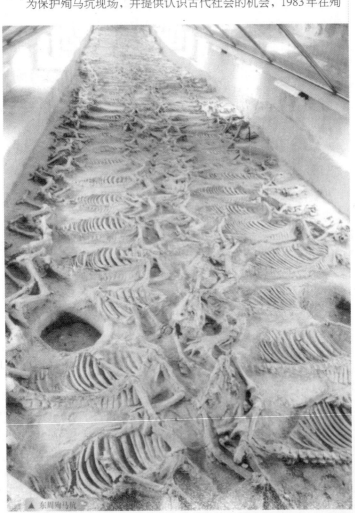

▲ 东周殉马坑

马坑西边南段40米处建起殉马展厅,厅内有殉马一百余匹。现已成为知名度很高的旅游观光景点。

沂 山

[表镇东方而萃秀]

在山东省中部,有一座东泰山——沂山。它是沂蒙山的主脉之一,东南—西北走向,群山起伏,峰峦层迭,绵延于临朐、沂源、沂水诸县境,古人谓"嵬巍磅礴,与岱埒尊,表镇东方而萃秀,实齐东之巨镇也"。主峰玉皇顶在临朐县城南50公里,海拔1032米,峰顶有探海石,登顶可观东海日出。东侧有百丈崖,势如刀削,一股清泉飞泻而下,崖下积雪常至四五月不消,故古人留有"百丈瀑布六月寒"的诗句。西北有狮子崮和歪头崮,是诸峰中最险要者,两崮突兀对峙,烟云缥缈,山风习习,宛如天阙。

沂山古有名气。相传黄帝曾东至于海,并封此山。《周礼》以天下为九州,各封一山为一州之镇。"正东曰青州,其山镇曰沂山。"唐以后称"五镇":东镇沂山,西镇吴山,中镇霍山,南镇会稽山,北镇医巫闾山;称沂山为"五镇之首"。沂山之祀也由来已久。相传黄帝封此山以后,汉武帝也封号致祭。隋文帝开皇十四年(594)诏立东镇神祠,唐玄宗天宝十年(751)封东镇沂山为"东安公",宋徽宗政和三年(1113)加封沂山神为王,金章宗明昌间封沂山神为"东安王",元成宗大德二年(1298)加封沂山神为"元德东安王"。今沂山东麓尚存东镇庙遗址,相传是宋太祖赵匡胤为纪念打败韩通而建。传说,赵匡胤登基前,与韩通作战败逃至此,一夜梦见一神女告曰:"明日出战,必胜!"果然,第二天赵出兵后直捣韩营,将韩通打于马下。赵匡胤登基后,敕令在此建东镇庙,并在落成之日,携文武百官前来祭典,并亲手栽下几株柏桧。此庙为宋以后祭礼沂山神之所。如今庙址古柏老桧依然繁茂,元明碑碣林立,正殿寝殿犹存。明代乔宇《沂山》诗曰:"岱岳西来海向东,屹然方镇一何雄。山川自与封疆限,云雨能收造化功。翠巘入空高落雁,玉泉垂阔下成虹。明廷忧旱来香币,六事都归一念中。"

沂山地势险要,也是古代军事要冲。春秋战国时,齐国依山势修筑长城,设置关塞,东侧的穆陵关、西侧的铜陵关,都有"一夫当关,万夫莫入"之势,古称"齐南天险"。明代薛瑄《穆陵关》诗曰:"万山绝顶穆陵关,一上山楼五月寒。烟雨满川浮暝色,晚风吹雨湿阑干。"描述了穆陵关的雄伟气势。东晋时,东晋大将刘裕(小名寄奴)北伐南燕,沂山山脉大岘山及其上的穆陵关为南燕南部天险,攻守双方都很重视。据《资治通鉴·晋义熙五年》载,燕主慕容超召群臣会议御敌之策。征虏将军公孙五楼提出,据守大岘,使不得入,旷日延时,沮其锐气,然后简精骑二千,循海而南,绝其粮道,此为上策;而纵贼入岘,出城逆战为下策。慕容镇亦谓"出岘逆战,战而不胜,犹可退守;不宜纵敌入岘,自弃险固"。燕主皆不从。"刘裕过大岘,燕兵不出。裕举手指天,喜形于色,左右曰:'公未见敌而先喜,何也?'裕曰:'兵已过险,士有必死之志。余粮栖亩,人无匮乏之忧。虏已入吾掌中矣。'"燕主慕容超因不听群臣固守大岘山之计,失穆陵之险;刘裕轻易过关,故"以手指天,喜形于色",意谓天助其胜。后果得南燕而还。清代安箕《过穆陵关》诗曰:

将军岘口路盘纡,东国崇关赐履余。
溪谷分流通沭汶,商车夹道走淮徐。
捐躯戍主灵犹壮,失险南燕计谋疏。
何处寄奴遗垒是,废兴千载总成墟。

潍 坊

[风筝名园州县吏]

潍坊地处山东半岛中部,南倚沂山,北临渤海,是连接东部沿海与西部内陆的绿色走廊,交通便捷通畅。

潍坊地理环境特殊,地势自南而北呈阶梯状,形成山丘、平原、滨海三种地貌。南部山区矿藏丰富，昌乐县的蓝宝石在海内外享有盛名。中部是多河流的平原，作物丰茂。北部海域是山东重要渔场。

在历史上，潍坊是一座手工业名城，明清两代曾以"二百支红炉，三千砸铜匠，九千绣花女，十万织布机"名扬天下，赢得"南苏州北潍县"的美誉。但更有影响的，是潍坊的名人、潍坊的风筝和潍坊的名园。

些小吾曹州县吏　一枝一叶总关情

潍坊地处齐国故地，自古人才辈出。在这块土地上，出现过东汉经学大师郑玄、"建安七子"中的徐干、宋代金石学家赵明诚、《清明上河图》的作者张择端等文化名人。范仲淹、欧阳修、苏东坡、郑板桥等著名人物也都曾在这里执政理事，留下许多政绩和美谈。其中影响最大的当数郑板桥。

著名书画家郑板桥曾在山东度过十二年仕宦生涯，其中七年在潍县做知县。他调任潍县这一年，山东全省大饥，有的地区竟出现人吃人的骇人景象，不少饥民只好逃往关外谋生。他写的《逃荒行》诗中，深刻地反映了灾民的悲惨生活情状："十日卖一儿、五日卖一妇、来日剩一身、茫茫即长路。……"他为政清廉，体恤民情。这种情怀经常体现在他的诗书画作品中。他在有名的《潍县署中画竹呈年伯包大中丞括》一诗中说："衙斋卧听萧萧竹，疑是民间疾苦声。些小吾曹州县吏，一枝一叶总关情。"他画的许多竹子，也都使人感受到那个时代的凄风苦雨和他悲天悯人却又无力回天的心境。因而，他的作品有深厚的内涵，非常耐看。

1753年，郑板桥因触犯上司而告病离任。自此他定居扬州，但仍然一直怀念潍县，1764年，即他去世的前一年，还写了两首《怀潍县》诗，其一云：

相思不尽又相思，潍水春光处处迟。
隔岸桃花三十里，鸳鸯庙接柳郎祠。

郑板桥始终怀念潍县父老，潍县人民也没有忘记他。现在潍坊

墨竹图
清
郑板桥

市博物馆所在地十笏园里就专设了"郑板桥专题陈列室",让世世代代的后人都能看到他的诗书画真迹,缅怀他的政绩,体悟他的情怀。

鸢飞蝶舞喜翩翩　春风送你上青天

自从 1984 年 4 月第一届潍坊国际风筝会在渤海海滩成功举行,潍坊风筝就真正飞向了世界。

1988 年 4 月 1 日,第五届潍坊国际风筝会主席团召开会议,选定中国潍坊为世界风筝之都,并把评选出的世界风筝十绝收藏在山东省潍坊风筝博物馆内,作为永久性的纪念。国际风筝联合会的总部就设在潍坊风筝博物馆内。

风筝又叫风鸢、纸鸢、纸鹞,起源于我国。相传,春秋战国时

山东潍坊风筝会

公输般（鲁班）"削竹为鹊，成而飞之，三日不下"。也有说，最早的风筝是由古代哲学家墨翟制造的，《韩非子·外储说》载：墨翟居鲁山，斫木为鹞，三年而成，飞一日而败。说墨子研究了三年，终于用木头制成了一只木鸟，但只飞了一天就坏了。不管哪种说法，都说明中国的风筝至今已有2700多年历史。西汉时，我国发明了纸，才开始了用纸扎糊风筝的历史。五代时的李邺在纸鸢的头部装上竹笛，故名风筝，并相沿至今。宋代以后民间放风筝的活动已很普遍。宋苏汉臣《百子图》和明方氏墨谱《九子图》中都绘有小儿放风筝的情景，生动地描绘了民间的风筝活动。

风筝品种繁多，分硬膀型、软膀型、水桶型和排子型四类，有动物、人物、物品等品种。我国著名的风筝产地有北京、天津、潍坊、南通。北京的风筝注重写实，特点是工细、华丽，属传统的宫廷风筝；天津的风筝制作精巧，也有独特的风格；潍坊和南通风筝的特点是绘画艺术性强，既有鲜明的民间艺术色彩，又有含浑凝重的国画笔墨。

据李存修《泰山之旅》介绍，潍坊风筝在悠久的历史中，还形成了唐家风筝、张家风筝、牟家风筝、杨家埠风筝等四大流派。

唐家风筝起始于明末，清咸丰年间"唐家风筝铺"正式开张。其第三代传人唐洪飞、唐洪亮兄弟开过竹器店，所以他们的风筝材料很好。唐家风筝的第四代传人唐延寿大胆创新，把"唐家板子硬翅风筝"的两膀加宽，使之更加吃风、宜飞。他创造的"双燕"被称为一绝。

张家风筝的代表人物为清末的张衍禄。他扎制的风筝常由职业画家绘画，画面美观大方。他还根据北方春季风力情况，运用力学原理，发展了拴中线的技术，使各种风筝放飞时易于保持平衡，为各家所采用，对后世影响很大。

牟家风筝的代表人物是著名民间艺人牟恒邦之女牟秀兰。因其代表作桶子风筝中的彩绘牡丹是她的绝招，所以人们送她一个美称"牟（牡）丹"。"牟丹"制作的风筝以桶子和板子为主，她独创的"牡丹仙子"风格别具，其骨架是人物和盛满牡丹的花篮，放飞时先把人物送上天，然后用"蝴蝶碰"将花篮带到空中。可惜此法现已失传。

杨家埠是中国三大年画产地之一,也是潍坊风筝的重要产地。杨家埠风筝将木版年画的特点融合到彩绘上,形成了独特的风格。代表人物是杨同科。为了解决杨家埠风筝起飞难的问题,他改变了双翅的比例,减轻了骨架的重量,使其能够"一级风起,五级风不折"。他制作的风筝,大的有300多米长的龙头蜈蚣,小的有火柴盒那么小的蝴蝶,这些风筝都达到了较高的水平。

十笏虽小气象大　水石之胜甲北国

十笏园位于山东省潍坊市胡家牌坊街,今旧城的北部。该园建于明代,原是明嘉靖年间刑部郎中胡邦佐的故宅,后被潍县首富丁善宝以重金购得,改建为"丁家花园"。因其园占地少,喻之为"十

潍坊十笏园(1)

潍坊十笏园(2)

个笏板",清末状元曹鸿勋题名为"十笏园"。

"笏"为古时大臣上朝时拿着的狭长形手板,多用玉、象牙或竹片制成。丁善宝在他的《十笏园记》中对十笏园的命名作了解释:"以其小而易就也,署其名曰十笏园,亦以其小而名之也。""十笏"一词,来自唐人所著《法苑珠林》,在此书的《感通篇》中说,印度吠舍哩国有维摩居士故宅基,唐显庆中王玄策出使西域,过其地,以笏量宅基,只有十笏,故号方丈之室。后人即以"十笏"来形容小面积的建筑物。

十笏园虽小,在造园艺术上却颇有造诣,著名园林学家陈从周《说园》对其评价甚高:"潍坊十笏园,清水一池,轩榭浮波……北国小园,能绕水石之胜者,以此为最。"此话并非夸张。园主丁善宝能诗爱画,尤喜古建园林。他特邀亲朋精巧设计,在仅有的范围内建有楼、台、亭、榭、书斋等建筑34处,房间67间,曲桥、回廊连接,鱼池假山点缀其间,小巧玲珑,匀称紧凑,虽出人工,宛如自然,使人们怡以养静,咏诗作画,流连忘返,乐在其中。"十笏园"的精巧之处,就在于设计家集中国南北园林之精华于一体,从对称之中求其高低变化,从玲珑秀丽之中求其高雅别致,同时,取意名家,蕴藉深厚。

十笏园平面呈长方形,由中、西、东三条古建筑轴线组成,中轴线建筑及其院落为园林主体部分。

进大门东行为前院,正厅即十笏草堂。上悬清代金石学家陈介祺手书"无数青山拜草庐"匾额。堂前山石花木正中有一池,池中荷香四溢,碧波涟漪。池中有亭,亭檐下有清代状元曹鸿勋所题"四照亭"横匾,取四面阳光普照之义。亭外悬有"涛音"匾额,是清代书法家桂馥手迹。亭柱上对联为"清风明月本无价,近水远山皆有情",亭前悬对联"望云惭高鸟,临水愧游鱼"。曲桥与回廊相接的地方,还有一副对联为"于心有不厌,即事多所欣"。

亭东北角筑有船形建筑,名曰"稳如舟"。此亭建筑巧妙,系六檩卷棚式顶,外形如船,恰似抛锚水中,随时可以起锚解缆,引人遐思。稳如舟小亭的北门,有对联为"山亭柳月多诗兴;水阁荷风入画图"。

水池东临半壁假山,假山之巅有蔚秀亭,取宋欧阳修《醉翁亭记》"望之蔚然而深秀者,琅琊也"中"蔚"、"秀"二字而名。亭柱有联为:"小亭山绝顶,独得夕阳多。"亭内有扬州八怪之一金农的白描罗汉石刻一块,造意新奇。山南端建有落霞亭,亭内装嵌有郑板桥手迹刻石"笔墨三则"、"田游岩"和"题画竹"各一,所悬"聊避风雨"为郑板桥手笔。落霞亭对联为:"竹宜著雨松宜雪,花可参禅酒可仙。"

假山脚下傍水处有一与蔚秀亭呼应之小亭曰"漪岚"。漪者,水中之波纹也;岚者,山中之云气也。宋代名臣富弼的园亭亦曾用此名。

与漪岚亭相对,是一座四角攒尖顶、覆以茅草的小沧浪亭,其四柱为原始松木建筑，愈见淡雅古朴，富有野趣。沧浪，取意于《孟子·离娄》："沧浪之水清兮，可以濯吾缨；沧浪之水浊兮，可以濯吾足。"亭下池边有大石一块，正可濯缨濯足。宋代诗人苏舜钦曾筑沧浪亭于苏州，小沧浪正是园主借苏州拙政园沧浪亭而命名，因亭小而名小沧浪。

在水池西有回廊，把西轴线与中轴线景观巧妙而有机地隔开，起到了既合理分布景观，又增加观赏性建筑的作用。廊上雕花牙，柱间设栏杆。在长廊的墙上嵌郑板桥竹兰图石刻5方。出回廊而北，院西有二层的小楼春雨楼，系借宋代诗人陆游《临安春雨初霁》诗"小楼一夜听春雨，深巷明朝卖杏花"句意。"春雨楼"三字由曹鸿勋手书。院中正房为该园主体建筑砚香楼，系明代所建。二层砚香楼是原园主人藏书和读书之所，其名借唐诗人李贺《杨生青花紫石砚歌》"纱帷昼暖墨花春，轻沤漂沫松麝重"句意。即是说，无论是白天还是夜间，这里都是温暖如春，砚台上研墨研起了花纹，墨汁发出阵阵松麝香味。砚香楼北面的后院现为郑板桥专题陈列室，展出丰富的史料和碑刻，介绍郑板桥在潍县任职期间的政绩和书画艺术成就。

西轴线南端一院被称为"园中园"，西厢房分别为"静如山房"、

"秋声馆"。秋声馆取欧阳修《秋声赋》诗意。院北面过厅为"深柳读书堂",过厅北院厅房为"颂芬书屋",厅内画栋雕梁,经百年而色犹艳。后院正厅为"雪庵",康有为来此园时改题为"小书巢"。

东轴线有"碧云斋"等四院,"碧云斋"院内东西盖有游廊,东廊内嵌有清代画家冯起震画竹石刻十块,西廊是清代画家、著名作家、潍县县令招子庸的画竹石刻。

十笏园内文物众多,除游廊等处许多石刻外,还有不少碑刻和造像。

文物最集中的地方是郑板桥专题陈列室。这里陈列有郑氏有潍县遗留的碑刻、手迹等,其中最有代表性的是号称"三绝碑"的城隍庙碑,该碑为郑板桥所撰并书,通篇楷书,在郑氏书作中极为少见,故谓一绝。郑板桥不信鬼神,在碑文中直道神为人所造,神权是人所授,有朴素唯物主义思想,又称一绝。丹书石上,由其高足铭刻,不失笔意,此为三绝。

园中其他文物还有:

鸢飞鱼跃石刻。在四照亭北面六角门上。"鸢飞鱼跃"原为唐代韩愈于贞观二十年,贬为阳山令所书的自勉之作。字体飞动婉转,有草篆隶笔意,安排得有正有欹,熔草篆隶于一炉,表现出"海阔凭鱼跃,天高任鸟飞"的凌云壮志。此四字拓片为稀世珍品。园内的石刻为清中期书画家翟云升临摹。

董其昌书法石刻。此石刻为董氏行书一幅:"萦渟淡不流,金碧如何拾。迎晨含素华,独往事朝汲。"下有于祉(澹园)跋,称此书"笔力大似李北海"。

唐代铁佛造像。铁佛像高3米,宽2米,约重5吨。下部及手部残毁,系分段排模铸造,体现了古代铸造艺人高超的铸造工艺。铁佛造像盘腿跌坐,左手端胸前,右手前伸,面部丰腴端庄,呈慈祥微笑状,美发高髻,穿博带式大衣,附璎珞,造型优美,体现出典型唐代艺术风格,是我国罕见的巨型铁佛造像。此像原在石佛寺。

山东青州城标
——铸铁卧牛

青 州

[东方古州　海岱明珠]

　　青州在潍坊市西60公里处，地处海（渤海）岱（泰山）之间，是中国古代"东夷文化"的发祥地，中国古九州之一，素有"东方古州"、"海岱明珠"之誉。

　　青州之名，起自《尚书·禹贡》。自东晋始，青州均为州、府、郡、道、路之治所，1600多年间，一直是山东境内的政治、经济、文化中心。现属潍坊。

文物古迹　见证文明

　　青州作为历史文化名城，有众多的名胜古迹。据考古调查和发掘，青州境内有北辛文化、龙山文化、大汶口文化等原始社会遗址270多处，先后出土了商代铜钺、汉代古璧等珍贵文物。驼山石窟造像、四王冢、二王冢为全国重点文物保护单位。云门山巨大"寿"字石刻、驼山石窟、玲珑山郑道昭白驹谷题刻为青州三绝。东汉宜子孙璧、宋铜锭、明赵秉忠万历年间殿试状元卷均堪称国宝。20世纪90年代出土的龙兴寺遗址，更是以其丰富的石刻文物轰动国内外。

古青州出土商代
亚醜铜钺

青州云门山巨形
"寿"字石刻
(高达7.5米,为
国内摩崖刻"寿"
之首。)

第三编 济南之旅

名人遗胜　不解之缘

在历史上，郦道元、欧阳修、范仲淹、黄庭坚、李清照等文化名人都与青州有不解之缘。西门外范公亭，即是有代表性的一处历史见证。

范公亭原名三官庙。相传任青州知府的范仲淹一日忽见阳河边涌出"醴泉"，遂建亭于其上。后人为纪念他，名为范公亭。亭正中为醴泉，泉水甘洌。亭背面石柱刻有楹联："四境著闻行无所事；千年遗址因起自然"。亭西南有小竹林，亭西北有"唐楸"、"宋槐"各两株。亭后建有"三贤祠"，祭祀宋代三任青州太守范仲淹、欧阳修和富弼。祠后有"后乐亭"，取范仲淹"先天下之忧而忧，后天下之乐而乐"句意。范公亭边有"顺河楼"，建于宋代，相传女词人李清照曾在此居住。

龙兴造像　东方神韵

1996年10月7日至15日，山东青州市博物馆在与本馆南侧相邻一建筑工地，发现和清理了当地历史上著名的佛教寺院——龙兴寺遗址所属的一处大型佛教造像窖藏坑，出土各类造像400余尊。这一发现是佛教考古史上所罕见的，被评为1996年全国十大考古新发现之一。

龙兴寺佛教造像窖藏坑位于龙兴寺遗址北部，即龙兴建筑遗址中轴线北部大殿后约7米处。

此次清理出土佛教造像的构成材料有石灰石、汉白玉、花岗岩、陶、铁、泥、木等七种。其中有一尊彩塑极为特殊。该彩塑用一陶盆承托，高约30厘米，内胎为烧过的骨灰。该彩塑挤压严重，从痕迹分析应为一尊佛像。其余的彩塑中既有罗汉像，也有佛像。有一尊佛像面部贴金，其螺形发髻内层为小螺形，外层为大螺形，应为修复后改为大螺形所致。

龙兴寺窖藏出土的这批造像，以北朝作品为主。从造像题材、雕刻技法及整体艺术特征，并结合部分有纪年题记者所表现的风格分析，可大致分为北魏、东魏、北齐三个时期。

年代最早的是北魏晚期的作品，以背屏式造像为主，单体圆雕

(1) 青州龙兴寺窖藏
北朝彩绘石雕
佛立像

(2) 青州龙兴寺窖藏
北朝石雕佛头像

(3) 青州龙兴寺窖藏
北朝彩绘石雕
胁侍菩萨像

像较少（其中有部分是背屏改造的单体圆雕像）。这一时期的造像面部表现细腻，神态刻划生动。佛像的僧祇支、袈裟、长裙均显厚重，垂线较多，而菩萨像则着披帛和长裙，显得简洁明快，饰件也较少，有的仅有项圈，后期才出现璎珞。

东魏时期造像特征是：造像主要为背屏式，单体圆雕较为少见，造像胁侍的基座均由二龙叶水柱衬托荷叶、荷花、荷蕾组成，这一做法在其他地区造像中十分少见；造像三尊的面部由稚气较重到逐步成熟，身姿由直立向曲线过渡，更好地表现秀骨清像的特色，胁侍的璎珞固定为穗状物、玉胜、珊瑚相联，在腰部联于圆璧之上；造像顶部多为单层佛塔，并由会乐飞天、舞蹈飞天、托塔飞天构成一个独特的组合群体。

北齐造像，是龙兴寺造像窖藏中出土数量最大的一批。此期背屏式的一铺三身像数量急剧减少，单体圆雕造像成为主体，且又以单体立佛为主，约占全部圆雕造像的三分之二。造像体态丰满，造型准确，其中突出表现为佛像造型装饰极为简练，而菩萨像造型装饰极为繁缛。佛像的衣饰几乎全部是上着内衣，外披袈裟，下穿长裙。而袈裟又仅有泥条状褶纹、浅线刻褶纹和体表光素，无任何褶纹三种，然后又用红、绿、蓝、赭等几色对袈裟进行彩绘。有些身上无任何褶纹的造像，则完全靠彩绘来表现装饰效果。与此相反，数量较少的菩萨却雕刻极繁。佛像之中，还有一种十分特殊的造像，身穿轻薄的衣衫，紧贴身体，使其自身肌肤的轮廓充分显现，体形线条极为优美动人。有的甚至双臂也为紧袖包裹。这种形体的造像，在北方中原一带同时期作品中极为罕见。

更为珍贵的是，北齐石造像中保存着一类在袈裟上装饰表现人物故事、场景的佛像，这种装饰方法有减地浅浮雕和彩绘两种。减地浅浮雕的一件，是在袒右肩的袈裟正面分成十余个田字方格，在每格内和边框上刻出人物、山水、殿宇、花鸟等，其分布为上部是以说法图为中心的天庭图案，中间为人间现实生活的图案，下部为牛头人身、下油锅恶鬼倒地等地狱题材的图案。

从部分画面我们可以看出，许多造像的绘画技法极为高超，所留画面生动活泼。以其中一件右肩部绘出的三个人物为例：这三个高5厘米的人物,深目高鼻,头发和胡须黑色弯曲,身穿长袍,脚蹬高筒皮靴,是当时波斯人的形象。作者用极精的线条、简单的颜色,将他们的特征及神态活灵活现地勾画出来。这些造像,无疑是此次出土的佛教艺术极品。

这批石造像表面当年都应该是贴金敷彩的,彩绘的颜色有朱红、宝蓝、赭石、孔雀绿、黑、白等,均使用天然矿物质颜料。贴金部分主要为佛像皮肤裸露部分。另外,菩萨像、供养人像、飞天、火焰纹、龙体、莲花等也有部分装饰贴金,其中有几件小型造像的面部和胸部贴金完整的保存至今,实属少见。

此外,在青州兴国寺故址采集到北朝残石造像近40件,在青州附近的广饶、高青和无棣等县市,也有北朝造像发现,略计这一地区先后出土同样类型和系列的造像超过800件。这样多的遗物为了解当地北朝时期佛教艺术造型,特别是雕塑艺术的发展,提供了重要依据。这些造像曾先后赴美国、日本、香港、北京、上海等地展出,在海内外引起巨大反响。

第四编　胶东之旅

|青 岛|

[碧屿回澜栈桥灯]

　　早在五六千年以前的新石器时代,原始居民即在现青岛地区这一片土地上集群而居。考古成果表明,胶县三里河遗址的地层堆积可分两层,上层属龙山文化,下层属大汶口文化。龙山文化距今约四五千年,大汶口文化距今约五六千年,为东夷诸部落远古文化发展的两个阶段。

千载古即墨　百年雨带血

　　今青岛市辖即墨县,春秋时期为莱国古棠地,战国时因其繁庶而与都城临淄媲美。前276年,据守即墨的大将田单以火牛阵袭击燕军,大获全胜。自此,即墨遂成历史名城。秦时设郡县,即墨始定为县,属齐郡。汉代,此地为胶东王属地,即墨是都城。唐五代时属河南道莱州东莱郡,宋属京东东路莱州东莱郡,元太祖二十二年隶胶州府,明洪武九年归胶州领属莱州府,清属登莱青道莱州府。而现青岛市所辖胶州市,在商周时亦为莱夷古地。隋开皇十六年,始置胶西县,属密州。唐武德六年,划入高密,易其地名为板桥镇。唐

青岛海滨

代,板桥镇的海外交通已开始兴盛,高丽和日本的商贾、使臣、僧人常由此到中国内地,唐人也不时由此往高丽等地,中东、阿拉伯的商人到此的也很多。宋哲宗元祐三年,复置胶西县,兼领临海军使,其时,板桥镇已为全国著名贸易港口之一。宋神宗熙宁、元丰年间,宋与高丽贸易正盛,板桥镇为通道之一,曾建高丽亭馆。元、明以来,由于云溪河、胶莱河、大沽河等河泥沙淤塞,海岩外移,海水南徙20余里,但商船仍经常乘潮直抵城南门外,商业贸易依旧繁盛不衰。史载,此地"商旅如云"、"帆樯若市"。清代因袭明制,胶西入胶州,隶莱州府,领高密、即墨二县。

清末,现青岛市区属即墨县仁化乡之范围,其中青岛口、女姑口一带已为海上贸易发达之地。1884年中法战争爆发后,法国军舰击溃清福建水师,又转侵台湾、浙江等地,并且有以军舰北上,"由胶州进图北犯"京津之企图。清廷急令李鸿章加强对直隶、奉天、山东的沿海防务,后由于法舰队受挫于台湾、宁波,陆军大败于广西、云南,因而被迫与清廷议和,清廷遂撤青岛驻军,胶澳仍为无防之地。中法战争之后,有识之士纷纷呼吁清廷建立新式海军,加强海防。1885年,慈禧批准设立海军衙门,办练新式海军。1891年清廷调登州镇总兵章高元率兵移防青岛,但建筑炮台经费"数目极微",且所需军队亦不添募,因此,当时青岛地区防务力量薄弱,"勉强涂饰,虚有其表"。1897年11月,德政府借口"巨野教案"一事由上海向胶州湾进发,强行登陆之后,清军总兵章高元一退再退,12月4日,章高元按清廷旨意,率部撤至烟台。至此,青岛全部沦为德国制下。1898年3月6日清廷派李鸿章、翁同龢与德使海靖签订《中德胶澳租借条约》,内容主要有借租胶州湾为军港九十九年,德在山东境内筑铁路两条并在铁路沿线30里内享有开矿权,此外德还享有在山东省内办事用人投资的优先权。

1894年中日甲午战争中,日本侵占旅顺,染指山东威海卫。一战爆发后,日本欲夺取德国所占胶州湾。1914年日德青岛之战,日军在正式接受德国投降之后,进入青岛并实行军管。1915年袁世凯政府接受日本所提之"二十一条",至此,日本取代德国在青岛建立殖民统治。1918年11月第一次世界大战以协约国胜利而告终,巴黎

1914年，日军占领青岛后，在信号山麓德军1898年勒刻的"纪功碑"上复勒炫耀战功的"日本大正三年十一月七日"字样碑刻。

和会上签署的《凡尔赛和约》引起中国社会反对，北洋政府拒绝在和约上签字。青岛问题遂成为此次和会悬案一桩。1921年11月，华盛顿会议召开，会议通过《关于中国的九国公约》，公约中否定了日本在中国的特权和垄断地位，规定从前德国在青岛的权利归还中国。1922年2月，中日签署《中日间解决山东悬案条约暨附件》。12月，中国政府派鲁案善后督办王正廷等官员接收青岛，从此结束了日本在青岛八年之久的辖制。

海中多仙山　岛湾有回澜

青岛位于黄海之滨，背依群峰，三面为万顷碧海环拥，"云护芳城枕海涯，风鸣幽涧泛奇花"。青岛海岸线迂阔，城区市南海岸有团岛湾、青岛湾诸湾及沿海岸的观象山等连绵众山。大小福岛位于登瀛村对面。所谓"登瀛"，即登临成仙或去日本。大福岛，也叫徐福岛，相传此地为徐福第二次出海时，聚集舟船、装运物资的泊舟之处。水灵山岛相传为大禹治水时所成，有诗赞言："山色波光辨不真，中流岛屿望嶙峋。蓬莱方丈应相接，好向居人一问津。"信号山位于观象山东南，历史上德国曾据此侵占青岛。此山素为青岛一带居民端午采艾挹露之处，民间亦有关于端午风俗的传说故事。观海山、观象山与信号山成鼎足之势，水榭山亭，葱碧叠嶂，与青岛山、太平山、嘉定山诸山构成山色如带的自然景观。崂山,位于青岛市区东部,有"海上名山第一"之称,所谓"神仙之宅,灵异之府"。青岛市郊,有"群峭卫一尊"的大泽山、历代帝王屡屡登谒的琅琊台以及大、小珠山等。田横岛横亘即墨县洼里乡东。两千多年前,齐王田横的五百壮士曾殉节于此岛,此岛因而名声大振。近人有诗言:"万斛涛头一岛清,正因死士忆田横。"现岛上义士墓尚存,碑文刻"齐王田横暨五百义士之位",供后人缅怀、敬奉。

青岛在历史上曾吸引和驻留名人无数,经学大师郑玄授弟子演习《周礼》,邱处机扬道弘宗,高僧憨山传佛颂经,清人蒲松龄苦撰《聊斋》,高凤翰诗书悯民,近人柯劭忞、康有为及闻一多、老舍、王统照、王献唐等人均在青岛创事为学,并留有故居旧迹。

近代德、日及西方诸强势力和文化的侵入与渗透,使青岛的城市建筑具有西方建筑的多种风格。八大关素有"世界建筑造型陈列馆"之称,二百多座别墅式楼房,因形就势,设计奇巧,几乎包括

青岛─多楼

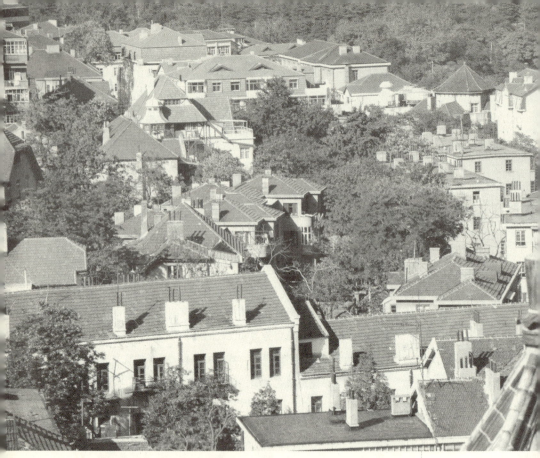

青岛八大关建筑群

了欧美二十四个国家的典型样式。其所以得名，是因其纵横交错的道路分别以山海关、正阳关、嘉峪关等八关命名。天主教堂位于观海山西面，原名圣弥爱乐教堂。教堂始建于1932年，由德人比鲁赫负责动工修建，历时两年，于1934年建成，一直保留至今。教堂主体建筑长80米，占地约2470平方米，为青岛市内最大的天主堂，国内有名。

栈桥，为青岛的象征，坐落于青岛湾中部，探身在浩淼大海之中，如汲水卧龙，素称"长虹远引"。中法战争后，清廷强固海防。光绪十七年（1891），北洋大臣李鸿章派章高元驻防青岛。章高元军部四个营分驻沿海，并在胶州湾修建供军旅起卸货物的栈桥码头，从陆地伸向海面，故习称"栈桥"。1897年，青岛沦入德国制下，后德日两国在南段加修铁桥350米，并在桥面铺设铁轨。1922年中国政府收回胶州湾，1930年栈桥拆旧建新，在桥南端建一三角形防波堤，桥头呈"个"字形，以分海浪之力，并在桥头修建"回澜阁"。

与栈桥在二三百米处隔海相望，有一小巧如螺的岛屿，从空中俯视恰似一具古琴，故旧称琴岛。又因此岛与胶州湾内黄岛遥望，彼黄此青，又称"小青岛"。岛之巅有一座灯塔，为船只进入胶州湾的重要航标。每至夜色降临，塔灯与碧海波光交辉；若有明月皓洁，浮光跃金，栈桥之上的华灯数盏与之互映，恰又构成一处天然胜景——"琴岛飘灯"。有诗言："领略青山不在多，水中一岛小如螺。云鬟别有飘萧态，似向风前浴晚波。"

|崂　山|

[海上仙山　道教胜地]

崂山，亦名牢山、劳山、不其山、辅唐山、鳌山等，坐落在山

海上名山第一
崂山

东半岛西南，西靠青岛市区，北接即墨县，东南两面濒临黄海。峰险林密，海山相连，水气岚光，变幻无穷。与内地名山相比，自然景观独成一格。故《齐记》云："泰山虽云高，不如东海崂。"

崂山由于僻处海隅，山陡林密，清幽灵秀，不易登临，自古被称为"神仙之宅，灵异之府"，在当地还流传着种种有关崂山的神奇传说。相传神仙安期生常出没于蓬莱和崂山之间。李白曾作诗道："我昔东海上，崂山餐紫霞。亲见安期生，食枣大如瓜。……所期就金液，飞步升云华。愿随夫子天坛上，闲与仙人扫落花。"历代有不少帝王渴望在崂山这座神秘的"海上仙山"上遇到神仙异人，得到灵丹妙药。相传春秋时吴王夫差曾入崂山得《灵宝度人经》；《史记·秦始皇本纪》载，秦始皇二十八年曾派方士徐福率童男童女出海求不死之药，据说他们就是从崂山的"徐福岛"入海的；《汉书》载"汉武帝太初四年幸不其山，视神人于交门宫"；《古今图书集成》载，唐玄宗天宝四年敕许王旻进崂山炼仙药，并将山名改为"辅唐山"。山上还有不少传说中的仙迹，如三官殿前的逢仙桥、上清宫里的银杏仙树、白云洞二仙山的会仙台、北九水的仙人髻和仙古洞，以及八仙墩、迎仙岘、霞仙台等等。

仙山图 元 陆广

巨鳌化崂山

民间传说，崂山本名鳌山，是一条巨鳌的化身。相传很早以前，东海里突然冒出一条有十万年道行的大鳌鱼。它经常兴风作浪，卷走人畜。海边王家疃有对胆大艺高的兄妹，哥哥叫大智，妹妹叫大勇，他们遍访天下，寻求制服大鳌鱼的计谋。一个满头白发的老妈妈告诉他俩："用万人纺的万斤线，拧根又粗又长的白纱绳，就能拉动有十万年道行的大鳌鱼。"一个光着膀子的老铁匠告诉他俩："用万人凑的铁，打把四角尖尖万斤重的钓鱼钩，就能钓住大鳌鱼。"一个老皮匠告诉他俩："用万人凑的牛皮，缝件大牛衣，里面充上万斤草，做头大假牛，就能引得大鳌鱼上钩。"一个白须白发的老人教他俩分别背自己走500里路，都长成顶天立地、力能拔山的巨人。他俩回到家乡，在四十八疃乡亲的帮助下，用了三个五天五夜的工夫，拧了条万斤重20里长的粗纱绳，打出把万斤重四角尖尖的大鱼钩，扎成一头万斤重包鱼钩的大草牛，最后把那根粗纱绳一头拴在草牛里的鱼钩鼻上，一头扯向20里外的草地。有了法宝，兄妹俩经过一番苦斗，战胜了大鳌鱼。后来，大鳌鱼化成长40里、宽30里的一座山，人们便叫它"鳌山"。大智大勇兄妹俩分别化成鳌山顶上的两座高峰："巨峰顶"和"美人峰"。以后，因为这鳌山山高路陡，攀登费力，人们又把它叫成"劳山"。文人写诗作文留念时，再在"劳"字边加"山"字旁，才成了"崂山"。

奇花异木太清宫

历史上的崂山曾是道教胜地，最盛时号称有"九宫八观七十二庵"。位于崂山南麓老君峰下的太清宫，是崂山历史最久、规模最大的一处道场。

太清宫又称下清宫、下宫。它南对大海，后列东华、望海、桃园、老君、重阳、蟠桃、西玉七峰，地势优越，景致优美。现在的太清宫共有殿宇房舍一百五十五间，分为三个独立的院落，由东向西依次为三官殿（祀天官、地官、水官）、三清殿（祀玉清元始天尊、上清灵宝天尊、太清道德天尊）、三皇殿（供奉人皇轩辕黄帝、地皇神农、天皇伏羲），另有关岳祠（供奉关羽、岳飞）、翰林院、长老

崂山太清宫

院等。

太清宫历史悠久。据记载，西汉建元元年（前140），御史大夫张廉夫因遭谗弃官周游天下，曾在崂山择地筑茅庵供奉三官大帝，取名"三官庙"。唐昭宗天祐元年（904），长老李哲玄来到崂山，建三皇殿和老子庙（老君堂），太清宫始具规模。宋太祖建隆元年（960），太清宫长老刘若拙奉诏扩建道宫，改老君堂为三清殿，新建三官殿，重修三皇殿，四方求道者蜂拥而至，盛时道众百余人，存道经五百余卷。明万历初年，佛教进入此地，南京报恩寺憨山和尚在宫前购田建海印寺，太清宫一度衰落。道士耿义兰便告憨山强占庙产，憨山被发配雷州充军。万历二十八年（1600），敕命毁寺复宫，耿义兰扩建太清宫，形成这一组古朴的建筑群。

太清宫背山面海，气候温润，有不少奇卉珍木。三皇殿前有一棵高25米的古柏，传系汉代张廉夫手植，故称汉柏。树龄已有两千余年，仍枝叶青翠。树上寄生粗壮的凌霄，盘绕着古柏，直达树梢。每年秋季，凌霄花开，嫣红似火，人称古柏盘龙。在柏树离地6米的缝隙中，又长出了一株盐肤木，形成一木三树。红花与绿叶相映，针叶树、阔叶树与蔓生植物三树共生，实乃奇迹。

三清殿门外东侧有一棵古榆，传为唐朝元祐年间李哲玄所植，故名唐榆，树龄也逾千年。它是全国同类树中最大的一株，老干虬枝，盘结斜出，状如龙头，人们又叫它"龙头榆"。民间还流传着它成仙的故事。相传，大清年间一个春天的傍晚，北京白云观进来一个身穿蓝道袍、腰系宝葫芦、童颜鹤发、长须飘飘的道人。他寒暄过后，拿出挂单。执客道士看了那道人的挂单，大为吃惊，原来那道人是在当天早晨从2000多里以外的崂山起单的，傍晚就到了白云观。那道人自我介绍姓于，所住小庙在崂山的南头，站在太清宫三清殿山门台阶上，一抬头就能看见。执客道士是在崂山太清宫出的家，听了介绍更加怀疑。为了礼貌他不便多问，领着道人进殿诵了经便让他到客房安息。第二天清晨，执客道士请道士用早饭，却发现他已经不辞而别了。执客道士更感困惑，便赶快起程晓行夜宿连走20多天赶到崂山太清宫。他见过太清宫的道长告知疑惑，两人便携手走出三清殿的山门，站在台阶上朝南望。只见山门外几步远处，那棵古榆正在随风起舞，如同一条青龙盘旋在半空。太清宫的道长忽然明白了，就对白云观的执客道长说："师弟啊，站在这台阶上，一抬头不就看见那姓'于'的道人和他的住所了吗？"

　　三官殿前有一株耐冬（山茶），相传系元代名道士张三丰从海岛上移植此处，高8.5米，干围1.78米。寒冬时节，满树绿叶滴翠，红花缀满枝头，如落一层绛雪。宫里原来还有高及屋檐的白牡丹，可惜已枯死。当年蒲松龄寓居院中草亭，挥笔写出优美的《香玉》，以耐冬牡丹为主角，叙述了一个花人相恋的情意缠绵的故事，说是胶州有一个姓黄的书生住在下清宫读书，忽从窗口看见一白衣一红衣两个绝代佳人掩映在红花绿叶之间。他欲会无觅，就在树上题诗表情。白衣少女夜来幽会，自我介绍名叫香玉，红衣少女名叫绛雪。一天，一个即墨人挖走宫中一棵白牡丹，香玉随之消失，书生才知道香玉乃白牡丹花精。他惆怅惋惜，作了50首哭花诗天天到花穴前哭诵。红衣少女也来凭吊，两个互慰寂寞。年底，书生回家，红衣少女托梦求救，他立刻赶到崂山，从道士斧下救出绛雪所寓的耐冬树。书生的情意感动了花神，挖空了的牡丹花穴重新长出新芽，到第二年四月含苞开放，香玉飘然而下，花精书生续写人间情缘。前些年，人们在那棵耐冬树下立石刻"绛雪"二字。中国科学院的专家认为，这棵耐冬树树龄在700年以上，这在国内少有，世界也罕见，是崂山一宝。

三清殿西侧有关岳祠。据说，当年《聊斋志异》作者蒲松龄在崂山时，曾在此祠住过。他白天漫步山林，徘徊海滨，夜晚就在神案一角点一盏油灯埋头疾书，《香玉》、《崂山道士》等篇就是在这里写的。祠外有一清泉自林间竹丛中流出，泉水清冽甘美，可与杭州的虎跑泉媲美。相传龙王三女儿曾从此泉显身，与杭州一个姓张的书生互生爱慕，结成良缘，故人们叫它神水泉。

三官殿东侧，还有两个幽静别致的小院落。一曰翰林院，因其是清末日照的尹琅若翰林所建而得名。院内花木扶疏，花开不断。院南是经神祠，为纪念著名经学大师郑玄而建。郑玄，字康成，山东高密人，曾师事马融学古文经。在他学成东归时，马融曾经慨叹："郑生今去，吾道东矣。"郑生回到山东，便至东莱客居，授徒讲学，又潜心著述，遍注群经，成为汉代经学之集大成者，后人称为"郑学"。今崂山山下，传为郑玄设帐授徒之所。《三齐记》载，不其山（崂山汉属不其县）中有草如薤，长尺如，坚韧异常，人称康成书带草。

崂山上的道观，还有上清宫、太平宫、明道观、华楼宫等。在崂山东麓黄海之滨，还有一佛寺华严寺。

依山临海白云洞

白云洞位于崂山东部海滨海拔400米的山顶上，为一座北朝南的天然石洞，周围巨石环抱，左"青龙"，右"白虎"，前"朱雀"，后"玄武"，中间平坦如天井。洞内原供铜铸玉皇神像，曾有"藏园老人"傅源叔题壁："夜月清皎，海气苍寒，玩石抚松，飘然登仙。"洞额镌"白云洞"三字，为清末翰林尹琳基所题。洞前两棵白果树，大可合抱，相传一雌一雄，千年相伴，至今生机盎然。还有一棵合抱粗的玉兰，每年春季花开如雪，香飘山外。洞顶旧有数百年古松一株，树冠婆娑，老干蟠曲，虬枝密叶，夭矫不群，与悬崖怪石争奇竞秀，形成"云洞蟠松"胜景。洞前旧有青龙阁。青龙石下有一洞穴，穴上勒有"卧风窟"三字，山风过此，回旋不止。窟旁有菩萨洞，洞中曾供铁佛一尊，相传是清乾隆年间道士赵体顺从海岛得来的。

白云洞地势高爽，林木茂密，是观海赏云的好地方。洞前远望，黄海碧波无涯，大管岛、小管岛如同蓝瓷盘中两块绿石。洞东南并列两座山峰大仙山和二仙山，险峻难攀，但景色奇秀。人们可以从石隙、石缝中往上攀爬，登上二仙山峰巅会仙台。此石台极小，状如坐椅，仅容一人，椅背镌一"仙"字。坐此遥望，沧海无边，悬崖百尺，不禁胸生快意，恍若羽化。

白云洞口一年四季多有白云缭绕，有人说是白云大仙的化身，也有人说是王母娘娘赠给侍女黄姑登天用的。相传黄姑看上了洞下村子里一个叫青山的青年，两人结成夫妻，在山坡安了家。东海龙王看中了黄姑，派乌龟丞相率虾兵蟹将前来强娶。王母派武将杨七郎给黄姑助战。东海龙王要淹死黄姑、青山，把东海的水调来淹白云洞。杨七郎用梅花枪朝洞前那座大山一挑，挑出一条大沟，水都顺沟流走了。东海龙王又调来东海的风，把山掀去一半。王母拿起扇子摇了几下，几股风就成一条线往山里钻，钻透山石形成"卧风窟"。东海龙王逃跑了。王母娘娘送黄姑、青山几朵白云，嘱他俩如果老龙王再出来糟蹋人就踏着云找自己。从此黄姑、青山整日整夜在洞左面站着监看老龙王，站久了就分别变成大仙山、二仙山。王母给他们的云彩常年挂在洞口，随时备用。

崂山道士显异术

作为道教胜地的崂山，历史上曾有李哲玄、刘若拙、邱处机、刘长生、李志明、刘志坚、张三丰、徐复阳等名道在此修行过。元朝道教国师邱处机曾到太清宫谈玄传道，道教祖师之一张三丰于明永乐年间自青州云门山来崂山修道……据说，道教鼎盛时期，山中道士有千人之众。

当地有很多关于崂山道士的传说。蒲松龄《聊斋志异》的《崂山道士》篇所写的崂山道士，道术高明，他的一个小酒壶可以长倒美酒而不干，可以剪月生辉、剪女起舞，还可以将酒席带人一起移入所剪月中宴饮。民间也流传不少崂山道士依靠法术惩恶扬善的故事。

相传崂山有个姓高的道士，有一天，他到王哥庄访友，碰见一个开酒馆的老女人，老女人求他帮助打口井。道士可怜她穷，就拔下一根头簪在天井中间划个圆圈，一眨眼工夫就出来一口井。道士又用10两银子买下老女人一坛五年陈酿倒到井里。道士走后，老女人舀了点井水尝尝，呀，比自己的老陈酿好喝十倍。这一来，老女人可发财了，喝酒的人人山人海，利钱也越来越多。她雇上伙计、丫头，出门有轿坐，走路有人搀，还到处说自己生来就是娘娘命。一天，那位道士又来到老女人家，他抓起一支笔写道："老天不算高，你心比天高，井水当酒卖，还说没酒糟！"写完，把一碗白水倒入井中，井里的酒立即又变成了水。

还有一个姓张的老道，一天，他带着一个小徒弟云游四方，来到崂山脚下的沧口。两人看见一家专贩水果的大铺子，就掏出一个大铜钱去买梨吃。可是大铺子的主人贪小，大秤入小秤出，一过秤一个铜钱才给一个梨。老道把梨搁在手心没说什么，来到人多的场儿把宝剑卸下就舞起剑来。一会儿，人们都围上来看热闹。老道一看人围得差不多了，就把手心托着的梨一抬，对大伙说："这个梨谁替我吃了，把籽儿吐给我。咱就在这儿扒窝种梨，让它长梨树，结大梨，大伙可以随便吃。"于是，一个小伙儿出来吃完老道的梨，把核还给老道。老道用剑尖在地上刨个窝，撒下种，埋上土，一眨眼工夫，就见树芽出土、长叶、开花、结果。一个个沉甸甸的梨子把树枝都压弯了。老道笑嘻嘻地说："愿意吃的都来摘！"大伙一拥而上，七手八脚就把树上的梨全摘光了。就在这个时候，忽然传来梨庄大掌柜的哭喊声："要命啦，怎么我的梨都长腿跑了呀！"

|烟　台|

[芝罘横卧烟海翠]

烟台位于山东半岛东北部，北临黄海。烟台春秋时称转附，秦谓芝罘,因其北面芝罘山而得名。唐、宋、元时已为中国通往日本、朝鲜的重要口岸。明洪武三十一年,为防倭寇侵扰,在此设"奇山防御千户所",并在临海的北山上置狼烟墩台。自第二次鸦片战争后,根据《天津条约》、《北京条约》于1862年开始辟为商埠建港。自开埠以来,行政上一直隶属于福山县;1912年改福山县特别区;1934年置烟台特区,直隶山东省;1938年撤特区设烟台市。

芝罘岛,史称"之罘"。四面环海,一径南通,其形若灵芝;碧海翠峦,如凌太虚。《史记》载:秦始皇于二十八年、二十九年两度登临此岛,纪功刻石分立东西两端,俗称"两观"刻石。石堕海已久。始皇三十七年,又自琅琊使徐市(又名徐福)入海采药,射杀巨鱼,现"射鱼台"尚存。二世即位之初东临,来芝罘刻石多方,现仅存十四字拓片。汉武帝东巡,亦曾登此岛。其时有水阻隔,因而修建石桥。

烟台山与芝罘岛隔海相望,亦称"海洋岛"。明洪武三十一年在山巅设烟墩防倭,因名烟台山,市亦由此得名。烟台山三面环海,山上郁葱林茂,山下嶙峋石奇,观海听涛,望帆影点点,一览不尽。

烟台天后宫
天后圣母塑像

毓璜顶位于烟台市中,因山顶有玉皇庙,故又称玉皇顶。庙始建于元;明时拓修。山坳有"小蓬莱"石坊一座。登顶极目,芝罘横卧,翠幛玉屏,雄城环绕,尽收眼底。

成山头,属山东荣成县,三面环海,如龙首垂天。秦始皇东巡,曾两度登此山,后人因建始皇庙。成山头南面海中,有巨石四块,随潮涨潮落而时隐时没,人称"秦人桥",相传为当年始皇入海求仙时所建。山巅有一巨石,传为秦相李斯所立。自明清以来,成山头为兵家必争之地。甲午战争中黄海海战即发生于此附近。至今始皇庙中留有邓世昌之石碑,上刻清光绪二十九年御制碑文,赐谥"壮节"。

福建会馆,建于清光绪年间,为福建商人筹措钱款所成。会馆亦名天后行宫,整体建构呈对称布局,设计奇巧。柱、梁、斗拱、雀替均雕饰花鸟禽兽、仙山玉宇,或描述传说故事等,剔透斑斓,极富闽蜀风格。

|蓬莱阁|

[人间仙境]

蓬莱阁坐落在蓬莱城北面的丹崖山上,殿阁凌空,下临大海,主要由吕祖殿、三清殿、蓬莱主阁、天后宫、龙王宫、弥陀寺等六个建筑单体组成,全部建筑面积达3.28万平方米。阁内布局得当,楼殿亭阁层层叠叠、错落有致,显示了高超的建筑艺术技巧。廊壁之间,楹联碑文、名人书画等琳琅满目,有宋代著名诗人苏东坡的手迹刻石、传说中八仙之一吕洞宾的石刻肖像、爱国将领冯玉祥所题"碧海丹心"四个大字的手迹刻石等。

蓬莱海滨古来以风景雄奇幽美、意境飘渺虚无而闻名,尤其是"海市蜃楼"奇观,吸引了历代的人们。秦时,方士徐福等看到此这奇观,上书秦始皇,"言海中有三神山,名曰蓬莱、方丈、瀛洲,仙人居之"(《史记·秦始皇本纪》)。汉时,"汉武帝于此望海中蓬莱,因筑城以为名"(唐杜佑《通典》)。这是蓬莱得名之始。宋嘉祐年间,郡守朱处约见这里山势雄伟,风景优美,便建阁于丹崖山上,取名

蓬莱阁

蓬莱。明万历十七年、清嘉庆二十四年又先后进行增建、扩建,蓬莱阁才具现在的规模。

海市蜃楼与海上仙山

据说,我国有四个地方可以看到海市蜃楼:北方的蓬莱,南方的潮汕神泉港,东方的普陀,西方的玉门。其中蓬莱开发最早。海市蜃楼的奇景引发了古人对于海上仙山的幻想。《史记·封禅书》对古人心目中的海上仙山作了较为详细的描述:"此三神山者,其传在渤海中,去人不远;患且至,则船风引而去。盖尝有至者,诸仙人及不死之药皆在焉。其物禽兽尽白,而黄金银为宫阙。未至,望之如云;及到,三神山反居水下。临之,风辄引去,终莫能至。"以后,海上仙山的境界不断地出现在文人作品和民间传说中。唐代大诗人白居易《长恨歌》叙述杨贵妃在马嵬坡被绞死以后,飞升到"海上仙山""蓬莱宫"做了"仙子"。诗中写道,一位"临邛道士""为感君王展转思"而"殷勤觅"杨贵妃,但"上穷碧落下黄泉,两处茫茫皆不见"。这时——

忽闻海上有仙山,山在虚无缥缈间。楼阁玲珑五云起,其中绰约多仙子。中有一人字太真,雪肤花貌参差是。金阙西厢叩玉扃,转教小玉报双成。闻道汉家天子使,九华帐里梦魂惊。揽衣推枕起徘徊,珠箔银屏迤逦开。云鬓半偏新睡觉,花冠不整下堂来。风吹仙袂飘飘举,犹似霓裳羽衣舞;玉容寂寞泪阑干,梨花一枝春带雨。……

　　海市蜃楼奇观飘飘渺渺,神秘多姿,也倾倒了历代文人墨客。宋神宗元丰八年（1085）,苏东坡知登州（今蓬莱）,很想一见海市蜃楼奇景,但一直没有如愿。十月间,他已接到诰命,就要回京担任礼部员外郎,便祷于海神广德王之庙。据说,第二天,他果真见到了海市,并写了著名的《登州海市》诗:"东方云海空复空,群仙出没空明中。荡摇浮世生万象,岂有贝阙藏珠宫。心知所见皆幻影,敢以耳目烦神工。岁寒水冷天地闭,为我超蛰鞭鱼龙。重楼翠阜出霜晓,异事惊倒百岁翁。"但苏东坡是否真的见到海市蜃楼是个谜,因为一般来说,十月中旬这种奇景是不会发生的。不过,蓬莱有此奇景则是真的。1981年7月10日下午2时40分,蓬莱阁上数百游人即有幸目睹了这种奇观:只见庙岛南侧的海面上,隐约出现两个新岛。十分钟后,它的轮廓越来越清楚,岛上道路、树木、山峰清晰可辨,有时还能看到高台楼阁、行人车辆,时间持续长达四十分钟。

徐福寻仙

　　蓬莱一带流传着不少关于寻仙求仙的传说,徐福的故事便是较早的一个。

　　当年,徐福上书秦始皇以后,秦始皇又听说此三神山"去人不远"、"诸仙人及不死之药皆在",便命令徐福带人出海找三神山,求不死之药。徐福带人出海转了一圈,回来对秦始皇说,海上有大鲛作怪。秦始皇又派人装备连弩,从成山角到蓬莱沿海射大鲛,真的在海边射杀了大鱼。于是,徐福再次出海。这次,徐福带童男童女各三千人乘楼船入海,一去没了消息。据说,他们后来漂流到一个海岛上定居下来,那个海岛就是现在的日本。

丹山瀛海图
元
王蒙

民间传说，徐福带童男童女出海寻仙是一计。当年，秦始皇灭六国称始皇以后，想长命百岁，便当着满朝文武下道圣旨：上从大臣，下至百姓，人人都要为他寻不老之药，找来的有重赏，找不到的判重罪。没几个月，好多大臣、太医、方士、百姓因献方无效而被杀头。有个叫徐福的小官深感不安，一天趁百官上朝时冒险上奏："下官听说东洋大海有个瀛洲仙岛，遍长仙草，愿领三千童男三千童女三年粮草漂洋过海，为皇上取那长生不老之药。"秦始皇当场准奏。没半个月，一百五十条三篷十橹大船、六千俊秀的童男童女和大批粮草都备齐了。徐福领着这些童男童女赶到海边两个小岛上安营扎寨，童男操习水性，童女学做女红。两个月后，童男个个能使帆摇橹，童女人人会做饭缝衣。徐福选定了一个黄道吉日，一声令下，一百五十条大船载着六千童男童女和皇粮皇草，向东海出发了。听说，他带着船队出近海，下远洋，经高丽，过琉球，在汪洋大海

上漂泊了一年零五个月,最后来到一个大岛边。他上岸看看觉得不错,便叫童男童女配成三千对夫妻,定居下来,传说这个海岛就是现在的日本。而秦始皇从徐福出海后,年年春夏巡视全国时都要来海边眺望,想迎接徐福采药回来,但年年乘兴而来,败兴而去。最后一次回京的路途中,死在龙辇上。就这样,徐福设计阻止了秦始皇乱杀臣民,又为三千对童男童女开创了新的生活。

徐福东渡之史事,在日本史书上和民间也广为传颂。日本首肯徐福其事的著作《神皇正统记》中载:"(孝灵天皇)四十五年乙卯,秦始皇即位,始皇好神仙,求长生不死之药于日本,日本欲得彼国之五帝三王遗书,始皇乃悉送之。其后三十五年,彼国因焚书坑儒,孔子之全经遂存于日本。"此书出版之后,对日本学者影响很大,对徐福事迹的考证和研究骤热,一时著述颇多。如《罗山集》说"徐福之来日本在焚书坑儒之前六七年矣,想蝌蚪篆籀章漆竹牒,时人知者鲜矣"。《同文通考》一书中言："今熊野附近有地曰秦住,土人相传为徐福居住之旧地。由此七八里,有徐福祠,其间古墓参差,相传为其家臣之冢。如斯旧迹今犹相传,且又有秦姓诸氏,则秦人之来往乃必然之事也。"

除日本史书记载外,在日本地方志中亦有不少徐福东渡的记述。如《日本名胜地志》载:"旧城东之海岸,熊野之田圃中,有老樟二株,德川赖宣建一坊,题曰:'秦徐福之墓'。去墓三町,有小垄七,为徐墓从者之墓。邻郊东南牟娄郡木町之东,有秦须浦,为徐福船泊于矢贺矶而暂住之地。后虽移居新宫,惟秦须浦尚有秦氏。"另《和歌山县史迹名所志》亦载:"相传往昔秦始皇帝时,徐福率童男女五百人,携五谷种子及耕作农具至日本在熊野浦登岸,从事耕作,养育童男童女,子孙遂为熊野之子,安隐度日。"

1929年日本出版《徐福》一书。后和歌山县曾形成一保护徐福史迹的"史迹保胜会"。1930年举行"徐福来朝二千年祭"纪念会,以怀徐福东渡之事。另外,日本历史上曾有"日本之学始于徐福"(见《原始秘书》)之说,可见徐福在日本的影响与地位。故有诗云:"继岸风凛著舳舻,里人犹自说秦须。三千入海童男女,知否当时尽到无?"

八仙过海

蓬莱阁下面,有一结构精美、造型奇巧的"仙人桥",这就是传说中八仙过海的地方。

这八位神仙即铁拐李(李铁拐)、汉钟离(钟离汉)、张果老、何仙姑、蓝采和、吕洞宾、韩湘子、曹国舅八人。八仙故事多见于唐、宋、元、明文人的记载。元杂剧里有他们的形象,但姓名尚不固定。至明吴允泰《八仙出处东游记传》里,才确定以上八人。铁拐李相传姓李名玄,遇太上老君得道。其游魂附一饿死者尸身而起,蓬首垢面,并用水喷倚身的竹杖,变为铁杖,故称铁拐李。汉钟离相传姓钟离名权,受铁拐李点化,上山学道,下山后又飞剑斩虎、点金济众,最后与兄简同日升天,度吕纯阳而去。张果老久隐中条山,常倒骑白驴,日行数万里。何仙姑原为唐广州增城女子,年十四五

八仙图

岁时食云母粉而成仙,行动如飞,日往山中采果奉母。蓝采和传说真名许坚,一脚着靴,一脚跣露,手持拍板,行乞闹市,周游天下。吕洞宾号纯阳子,相传为唐京兆人,两举进士不第,浪迹江湖,遇钟离权授以丹诀,曾隐居终南山等地修道,后游历各地,自称回道人。传说其曾在江淮斩蛟、岳阳弄鹤、客店醉酒等。韩湘子传为韩愈族侄,性狂放,曾在初冬时于数日内令牡丹花开数色,每朵又有诗一联。曹国舅传因其弟仗势作恶,恐受牵累,遂散财济贫,入山修道,后由汉钟离、吕洞宾引入仙班。

相传有一年春天,八仙游览了崂山、蓬莱一带的山山水水以后,在蓬莱阁饮酒聚会,准备漂洋过海。这时,为首的张果老说:"都怨我老兄无能,辜负了众仙的嘱托,一没准备好彩船,二没扎好竹筏,要过海只好靠大家各显其能了!"七仙听后,都说:"凭着咱们这闻名天下的八仙,跨下东洋大海还不是易如反掌?"只见袒胸露腹的汉钟离把手中遮月卷日、收雾行云的大巴蕉扇往外一抛,念道:"乾坤扇,乾坤扇,九道颜色鲜又艳。借来东风千钧力,驮我过海到天边。"念完,汉钟离跳到扇里,那扇随风一转便腾空,如同一朵云彩乘风而去。铁拐李也急不可待地把宝葫芦取下,说:"宝葫芦,顶儿尖,一天行程三万三,让我骑上过东海,穿云破雾去游玩。"说完骑上宝葫芦。那葫芦飞起来,驮着他紧随汉钟离飞去。接着,道貌岸然的吕洞宾身背宝剑、手执拂尘,神采俊逸的韩湘子横吹玉笛,聪明睿智的蓝采和手擎大花篮,纱帽官服的曹国舅手捧玉板,婀娜俊秀的何仙姑手拿粉莲,各人借助各自的宝物,漂洋过海,凌波而去。张果老见七位都已安全过海,便满面笑容地手抱渔鼓,"咚咚咚"地敲了三下,唱道:"哎——打起渔鼓唱起歌,唤声神驴快出窝,勒紧肚带备好鞍,驮我快快把海过。"随着渔鼓声,那神驴"扑通"一声跳出来,站在张果老的跟前。张果老翻身一跳,手抱渔鼓倒坐在驴背上,那神驴踏着彩霞扬蹄向东,与七仙会合去了。"八仙过海,各显其能"就这样流传下来。

[蓬莱水城与戚继光]

蓬莱阁东侧海滨,是我国著名的古代海军基地——蓬莱水城,是当年停泊战船和操练水军的地方。水城沿丹崖绝壁衔海向南而筑,城周长约3华里,城墙高3.5丈,由小海、城墙、水门、炮台、敌台、码头、灯楼、平浪台、防浪坝等组成。水城设南北二门,南门叫振扬门,与陆路相通;北门叫水门,是入海咽喉。设有栅闸,平时闸门高悬,船舶出入无阻;有敌情则放下闸门,切断海上通道。水门东西两侧,有炮台互为犄角,封锁附近海面。水门内平浪台既可减海浪冲击,又是水城屏障。小海是城内的一片水域,可驻扎水师,停泊舰船。城北灯楼凌空屹立,俯瞰大海,原有导航设施,并可观察敌情。整个水城攻守兼备,是当时山东半岛的海防要塞。

蓬莱水城始建于宋庆历年间,当时叫刀鱼寨,目的是抵御北来的契丹人。明洪武九年(1376)在刀鱼寨旧址上改建为水城,称备倭城。著名民族英雄戚继光曾在这里驻守,抗击倭寇侵袭。戚继光,字元敬,号南塘,蓬莱人。他出身世代将门,祖辈六代世袭登州卫指挥佥事。1544年,其父戚景通病故,年仅十六岁的戚继光袭职;二十五岁时,又晋升为署都指挥佥事,担当起山东沿海防御倭寇的

蓬莱戚继光祠
戚继光像

蓬萊水城

蓬莱水城炮台

重任。他以蓬莱为基点，保卫东至成山头、西至武定营大沽口、北至北隍城东北的辽阔水域。他亲自从农民和矿工中招募兵勇，利用水城内的小海严格训练，组织起一支英勇善战的精锐部队，人称"戚家军"。他要求士卒以岳家军为榜样，"冻死不拆屋，饿死不掳掠"，遵守严明的军纪。他经常率领战船在水城外的海面上出哨巡洋，使倭寇不敢轻举妄动。后来，他奉命南下转战浙闽，数次大败倭寇，又北上镇守蓟州，立下赫赫战功。1585年，他告病引退，回到故乡蓬莱；1587年12月28日与世长辞。现水城南面戚家祠堂附近有纪念他的"父子总督坊"。

长 岛

[仙山琼阁]

长岛处渤海海峡，由三十二座岛屿组成，南衔蓬莱，北邻旅顺，西望京津，东拥黄海。从出土文物考证，旧石器晚期此地即有人类活动。据载，长岛在夏以前属莱峋夷地，商代属莱侯国地。秦时始设郡县，属齐郡。汉属东莱郡。唐贞观八年属黄县蓬莱镇，神龙三年始属登州蓬莱县。宋、元、明、清因袭旧制。

长岛胜境天下闻名，自古即有"蓬莱、瀛洲、方丈"海上三神山之称。十里珠玉月牙湾，静若处子庙岛塘，王后宫庄严神秘，万鸟岛白羽蔽天。山水有景致，礁石藏情趣，宝塔礁、罗汉礁、弥陀礁、九门洞等早在《蓬莱县志》等史料中即有记载。

月牙湾，又名半月湾，位于北长山岛北。怀抱碧波，背依沃田，尖挑翠岭，腹映蓝天，恰似新月一钩。海滩之上，卵石杂陈，如珠似玉。在月牙湾西的危岩绝壁之上，有一飞檐翘首小亭陡挂，即观澜亭。登此亭，观长坝一痕，百舸争游，鸥鸟翻飞。民间传说，很久以前的月牙湾并没有沙滩上的五色卵石。一个姓林的小伙子和龙王的三女儿青龙公主相爱并结了婚，后来龙王从中作梗抢走了公主。在公主的苦苦哀求之下，为了安慰丧失妻子的小伙子，龙王选了一名美貌的宫内侍女送给小伙子，并命虾兵蟹将隔三差五送财宝给他们俩买粮扯衣度日子。从此以后,那侍女也像青龙公主一样待小伙子,二人生儿育女,生活得很美满。据说,现北长山岛的人都是他们的后代,那月牙湾海滩上的各色各样的卵石,也就是青龙公主赠送给他俩和后代们的金银粒儿、珍珠豆子。

《寰宇通志》载:"长山岛在城北(指蓬莱)四十里海中。分南北二山,相距五里。中通一路,广二十余丈,皆珠玑石,名玉石街。"玉石街原为一条卵石滩,由于地壳的变化与潮汐的作用而形成。后在玉石街原来的石基上人工修筑了一宽8米、长1.65公里的大坝。大坝东南岸有一石,名曰"望夫礁"。远望去,颇似一怀抱婴儿的渔妇眺望远方。据传,一位新婚丧夫的女子日夜盼望亲人的归来,每天抱着不满周岁的孩子到海边去哭泣,最后化成这座不动的石像。此即为"长岛十景"之一的"御道眺夫"。

庙岛塘,坐落于庙岛群岛南部。塘东为南长山岛和北长山岛,北为挡浪、螳螂、褡裢等岛,西面为大小黑山岛。庙岛塘自古为天然良港,塘中卧凤凰庙岛,庙岛北为太阳岛,二岛形成丹凤朝阳之格局。龙绕红日、虎吞金乌之势使庙岛塘以御风抗浪之功饮誉四海。据说八仙之一的吕洞宾和海神娘娘曾在此争夺安居之所,后来海神娘娘以巧制胜,吕洞宾只得离岛而去。时过千百年,现庙岛凤凰山上还有一不长树木的圆圈地,据说即为当年吕洞宾的道冠印;在印中

长岛宝塔礁

还曾有一眼甘冽清泉,据说是海神娘娘的金钗扎出来的。每当晨光四现,庙岛塘内波光涟滟,水鸟欢歌觅食;黄昏日暮,塘上渔舟唱晚,汽笛隐荡。

龙爪山位于大黑山岛北,由五个绝壁联结而成。据说此山为巨龙爪劈而就,山上四垭沟深纵,五顶奇山并立。龙爪山下有九个海蚀洞,传为八仙故居。庙岛群岛最北的水道为隍城水道,旧称隍城门。门东西走向,南、北隍城二岛壁立左右。门东有巨礁,赤岩金壁,宛若披裟老僧面西而坐。门西一礁,颜色赭青,状若香炉,炉上又斜立一壁石崖,恰似半柱残香。二礁东西对立,远望去,恰似一老僧虔心敬香,祈祝海神保佑过路船人平安。这罗汉敬香之景,相传是一老僧为救遇险渔民而功力用尽,坐化而成。此后,每遇险风恶浪,过海的渔民便向罗汉礁祷念,即刻便能潮息浪止。又传,每当深夜,迷途的渔船在极远的地方便能看见香炉礁,那礁石之上又总燃着一星不灭的火光。

刘公岛

[甲午浩气贯长虹]

刘公岛在威海港以东的渤海海面,为当年清廷北洋舰队的主要基地。威海港三面环山,一面临海,南北两岸犹如两条巨龙伸出海面,刘公岛恰似一颗明珠镶嵌在港口中央,形成二龙戏珠之势,是一个理想的"天然水寨"。

刘公岛名称由来久远。据传东汉末年,有刘姓宗室一支为逃避曹氏迫害而徙居此岛,以姓名岛,称刘家岛。其后岛民为奉祀先祖,建了一座刘公庙,又改称刘公岛。明洪武三十一年(1398),明政府为防御倭寇侵扰,曾在岛上屯兵并筑一烟墩。清光绪七年(1881),清王朝舰只首次来刘公岛驻泊。七年之后,北洋舰队正式成立,刘公岛成为舰队主要基地。此时,北洋舰队已拥有大小舰艇近五十艘,约5万吨,实力在远东居首。

北洋水师提督衙门设在岛上旗顶南麓。它背山面海,气势宏伟。

山东威海城市雕塑

甲午战争博物馆

前后三进院落，前、中、后厅，东、西厢房和跨廊连成一体。大门外有乐亭两座。水师提督衙门西面有当年北洋水师培养海军人材的水师学堂，学堂曾先后招生三期，共百余人。学堂墙外为修理船艇的船坞。东南数十步，便是大小舰艇聚泊的铁码头。岛上还有当年炮台遗址。

北洋水师提督丁汝昌（1836—1895），原名先达，字禹廷，号次章，安徽庐江县丁家坝村人，出身贫苦。十七岁时曾参加太平军，以后被裹胁进清军，由于作战勇敢官加提督衔，授总兵，赐协勇图鲁汉字勇号。但因性情耿直，触怒上司，只得弃官返乡。1874年李鸿章办海军，又派他到英国买军舰。他从英国买回镇东、镇西、镇南、镇北四舰，并受命操练炮舰。1888年北洋舰队正式成立，他被任命为北洋水师提督，进驻刘公岛。

1894年9月，丁汝昌率水师护运八营铭军及辎重、马匹赴鸭绿江口外大东沟，支援朝鲜。17日上午正准备返航，突然西南海面出现日本舰队。丁汝昌下令列阵迎击。北洋舰队以十舰对日本十二舰，排成人字形将日本舰队拦腰截断，先占上风。日本比睿、赤城、西京丸三舰受重创，逃出战列，赤城舰长毙命。日本舰队转而采取钳形战术，北洋舰队腹背受敌。正在旗舰定远号飞桥上指挥的丁汝昌，

254

因发炮太猛桥身断裂,被摔成重伤。全舰队失去指挥中心,阵形顿时混乱,军舰各自为战。致远号在炮弹用尽、军舰受伤的危急时刻,恰与日舰吉野号相遇。致远号管带邓世昌对大副陈金揆说:"倭舰专恃吉野,苟沉是舰,则我军可以集事!"便下令开足马力猛撞吉野,但不幸被鱼雷炸沉。全舰二百五十多人壮烈牺牲,邓世昌义不独生,拒绝侍从刘忠浮给他的救生艇,推开叼住他手臂不让他下沉的太阳犬。而太阳犬又叼住他的头发,他不得已搂抱爱犬同沉海底。郑观应《忆大东沟战事感作》诗赞致远号:"东沟海战天如墨,炮震烟迷船掀侧。致远鼓楫冲重围,万火丛中呼杀贼。勇哉壮节首损躯,无愧同胞夸胆识。"战至下午三时,北洋舰队的十舰中,沉二、焚二、伤二、逃二,只剩下定远和镇远两舰还在坚持战斗,但已陷入日本旗舰松岛号等五舰的包围中。两舰互相依持,艰苦拼战,丁汝昌强忍伤痛,始终在甲板上指挥作战。三时半许,定远号一炮命中松岛号要害,使其死伤一百多人。日舰仓皇南逃。历时五小时的甲午黄海之战乃告结束。日人土屋凤洲曾写诗赞定远、镇远:"其体坚牢而壮宏,东洋巨擘名赫烜。"两舰以"巍巍铁甲"之称名震遐迩。

黄海之战后,北洋舰队回到威海。丁汝昌一面筹划防务,一面积极采取攻势。日舰攻旅顺时,他亲到天津向李鸿章请战,但李鸿

甲午战争时所用大炮

章采取避战保船的方针,不准。日舰要在荣城龙须岛登陆,丁汝昌又向李鸿章请求率舰截击,李鸿章答:"违令进战,虽胜亦罪!"丁汝昌愤懑万分,但无可奈何。1895年2月3日,日军从龙须岛成山头上岸,占领威海港南北两岸炮台,刘公岛成为孤岛。丁汝昌坚持抵抗,连续击退敌人八次进攻。日军转而诱降,清军内部也有人劝丁汝昌投降。丁汝昌严辞拒绝,并向全军下令:"援军将至,固守待命。"但终因陆援断绝和内部投降派作乱,败局无可挽回,丁汝昌乃命人将提督印截角作废,以防有人盗印降敌,然后在后院厢房服毒殉国,时年六十岁。

秦 桥

[山神驱石　海神竖柱]

《太平御览》引《三齐略记》载:"秦始皇作石桥,欲过海看日出处,于时有神人能驱石下海。石去不速,神人辄鞭之,皆流血,至今后悉赤。"又《水经注·濡水》引《三齐略记》另一段记载:"始皇于海中作石桥,海神为之竖柱。始皇求与相见,神曰:'我形丑,莫图我形当与帝相见。'乃入海四十里,见海神。左右莫动手,工人潜以脚画其状。神怒曰:'帝负约,速去!'始皇转马还,前脚犹立,后脚随崩,仅得登岸。画者溺死于海,众山之石皆倾注,今犹岌岌东趣。"《古今图书集成·山川典》卷二八引此后又言:"今见成山东海水中有竖石,往往相望,似石桥;又有石柱二,乍出乍没,或云始皇渡海,立此石以为记。"这里所说的成山,即荣成县的成山角(也叫成山头)。

成山角在胶东半岛的最东端,三面环海,山势突兀峭拔,如龙首翘天,悬插于波涛之中。东南峭壁下急流波涛中,有四块排向东南的巨石,忽断忽续,时隐时现,宛如一座人工架设的桥梁的桥墩。据说,这就是当年山神驱石、海神竖柱的"秦桥"遗迹。

即墨故城

[田单巧布火牛阵]

即墨故城在今山东平度的古岘乡大朱毛一带，俗名朱毛城，分内外两城。现存残垣千余米，基宽40米，全为夯土版筑，十分坚固。有古宫殿、点将台、东西仓等遗迹，还出土过铜肪、弩机、戈、剑、刀币、石座墩等文物。

史载，前284年，燕昭王以乐毅为上将军，联合秦、赵、韩、魏四国军队伐齐，连下齐国七十余城，使齐国只剩下两座已陷入重重包围之中的孤城——即墨和莒。前279年，即墨守将田单乘燕昭王去世施用反间计，使新即位的燕惠王撤下乐毅，改由骑劫为将。这边田单一面向燕军诈降，一面准备反攻。他征集牛一千余头，两角绑上兵刃，全身披上彩衣，尾巴缚以灌有油脂的芦苇，又在城墙根挖了几十个洞口，把牛埋伏在里面。晚上，点燃了牛尾上的芦苇，牛狂奔出城，突入敌营，随火牛而来的五千壮士勇猛冲杀，把燕军打得七零八落，燕将骑劫也被杀死在乱军中。田单率军乘胜追击，收复了七十余城。

第五编 鲁西之旅

济 宁

[谪仙醉眠处　铁塔伟丈夫]

济宁是鲁西平原一块山青水秀的好地方。当年大诗人李白在碎叶城长到五岁,随父迁居四川江油生活了二十年,然后"仗剑去国,辞亲远游",四海游历,居无定所,然而,当他游到山东时,却在任城(今济宁)一住就是二十四年!

是什么吸引住了这位谪仙?

太白楼:一州之胜桃夭夭

太白楼在济宁,传为"谪仙"李白当年常去宴饮之处。

李白二十五岁那年,"仗剑去国,辞亲远游"。后来,他东游齐鲁,来到任城(今济宁)。李白平素豪饮,自称"酒中仙",据说在这里,他经常到当地最有名气的一家酒楼——贺兰氏酒楼饮酒。当时九十高龄的当垆贺兰氏也酷爱诗歌,对李白极为敬重,常邀李白宴饮。有一次两人喝得高兴,贺兰氏就把酒楼赠给了李白。李白便把远在湖北安陆的妻小接到任城,在此处安了家。他和妻子(唐宰相许圉师的孙女)常在楼上把酒论诗,共度时光。之后,李白又一

济宁太白楼

次离家远游。三年以后,他在金陵(今南京)写了一首《寄东鲁二稚子》(其时妻子许氏已死),寄托了对任城的眷念深情:

我家寄东鲁,谁种龟阴田?春事已不及,江行复茫然。南风吹归心,飞堕酒楼前。楼东一株桃,枝叶拂青烟。此树我所种,别来向三年。桃今与楼齐,我行尚未旋。……

别家三年,诗人念家之心恐怕也与逐渐齐楼的桃树一样,与日俱长了。

李白逝世九十九年以后,吴兴人沈光过济宁,登贺兰氏酒楼,作《李翰林酒楼记》云:"至于齐、鲁结构凌云者有限,独斯楼也,广不逾数席,瓦缺椽蠹,虽樵儿牧竖,过亦指之曰:李白常醉于此矣。"从此,太白酒楼开始扬名,常有文人骚客来此游览题咏。明洪武二十四年(1391),左卫指挥使狄崇改建砖石城墙时,将楼由原址移至南城墙现址,名声益远。清代大文学家山东新城(今桓台)人王士禛《带经堂诗话》曾记载当时酒楼盛况:"济宁州太白酒楼,下府漕河,凭高眺远,据一州之胜。……由夹城出小东门至南池,渊著渟泓,芰荷被渚,夹岸杨柳,淖约近人,最为佳境。"相传侍读钱香树由运河乘船出京至济宁时,因仰慕太白楼名声,泊船伫立船头遥望。

262

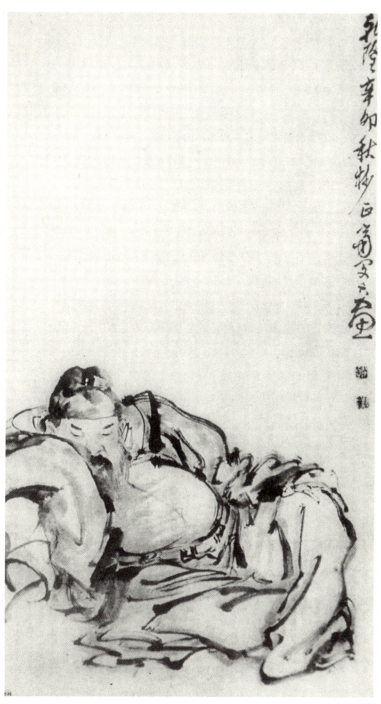

太白醉酒图
清
闵贞

一不小心,为霜所滑,失足落水。家人急忙把他搭救上船,他笑着说:"我听说淹死之人,必有鬼物相引。倘若我昨晚梦见李白,他一定拉我走了,我今天就淹死了。"第二天,他游览太白楼,作诗一首:"昨夜未曾逢李白,今朝乘兴一登楼;楼中人已骑鲸去,楼影当空占上游。"

如今的太白楼为1952年重建,顶歇山式,两层飞檐,高20余米,脊绘飞龙,檐立奇兽。楼内现存多种李白和后人纪念李白的墨迹、刻石等。其中传为李白手书的"观"字刻石,呈正方形,边长78厘米,正楷字体,潇洒豪放,左下角署名"太白"。刻石出土于清嘉庆十年(1805),同时出土的还有"壮"字刻石,通读为"壮观",今"壮"字刻石已佚。清人王琦《李太白全集·外记》载,壮观碑全国有三块,分别在大同、滕阳驿、济宁。还有手书《清平调》墨迹,为行草书体,如行云流水。卷末署"天宝元年李白醉书",下压"李白之印"方形图章一印。此卷系后人摹写。卷后有历代书法家吕温、苏轼、黄庭坚、米芾、蔡襄、赵子昂、文徵明、祝允明、朱彝尊等跋语。据《松窗录》记载,《清平调》三首词,为李白当年在长安供奉翰林期间,奉唐玄宗诏于醉中所写。写成后,即由李龟年谱曲,玄宗亲调御笛伴奏。据说杨玉环欣赏入迷,持绣巾再三向李白拜谢。二楼内壁,嵌有李白、杜甫、贺知章阴线浅刻画像,人物形象生动逼真,系明万历年间李汉章立石。

济宁铁塔:善恶忠奸有分晓

铁塔在济宁铁塔寺内,距太白楼一箭之遥。铁塔寺原名"常觉寺",始建于北齐皇建元年(560),北宋崇宁四年(1105)建铁塔,始改今名。

塔原建七级,尚未铸顶,"譬伟丈夫,剑佩威峨,然冠冕不饰,谈者往往以为未尽观美"(《济宁直隶州志·王梓重修铁塔记》)。明万历九年(1581)重修增至九级(因统计方式不同,一说十一级),并铸起塔顶。塔通高23.8米,塔身八角形,铁壳砖心,每层由勾栏平座、塔身、回檐三部分迭合而成,面积自下而上逐层递减,使塔体显得挺拔秀丽。平座、回檐均由重昂斗栱承托,平座边沿围栏栏板的图案花纹繁多，各具特色。每层四面留有方形假门，其余四面设龛置佛像二尊。佛像盘膝端坐，形象生动。塔顶下面为须弥座，座上置仰莲花瓣十片，顶端是一个铜质金章、桃形攒尖的饰物。整座塔浑厚雄伟，气势非凡。

在第一层塔壁上，铸有"大宋崇宁乙酉常氏还夫徐永安愿谨铸"的字样。在当地民间流传着这样一个故事：北宋时，城北有一个大土堆，传为穆桂英大破洪州（今济宁）时的点将台。穆桂英破洪州五十年后，洪州又被辽兵占领。辽兵为了预防宋军夺城，要修筑洪州城墙。"点将台"南边有一家姓徐的富户，想发财，就雇了几百人，挖"点将台"的泥土制坯烧砖准备卖给辽兵。第一窑砖坯装满、祭奠完"窑神"后，徐员外进窑点火，谁知"轰隆"一声，窑塌了，徐员外被压在里面。等到家人把他扒出来，他已脊骨断折、奄奄一息了。徐员外的老婆常氏得到神示一纸，上写："挖吾一坑，添吾一层，铸成铁塔，饶尔性命。"常氏急忙到点将台查点已挖的土坑，连窑坑一共十一个。她便找来正在洪州城为辽兵打造兵车的儿子徐中，让儿子想办法铸铁塔，徐中借造兵车为名，暗铸铁板，铸了五个月，铁板已可装九层。这时，北宋大将杨文广带兵北伐，攻到洪州城下。守城的辽将耶律禅齐督促徐中立即装配战车，徐中便召集众工匠连夜将铁板运到北门城墙下，装成了九层铁塔，然后大家一齐从塔顶越墙投奔宋军。第二天一早，耶律禅齐发现战车一辆未装，却一夜之间冒出一座九层铁塔，大感惊奇。他又见城下宋军势如潮水，自知无法抵挡，便跳塔自杀。杨文广率宋军进城以后，徐中携母前来拜见，这时徐员外亦伤痛大愈，皆大欢喜。杨文广便命徐中在塔上铸了上述一段文字。几百年后，济宁道员龚勉又集资向上续加两层，形成了现在的塔体。

聊城

[齐燕争战地　鲁西文化城]

聊城位于鲁西平原，早在战国时期，就已是齐国西部的重要城邑，为齐燕两国争战之地。自元代开通古运河以后，聊城始渐繁荣，曾被誉为漕挽之咽喉、天都之肘腋，江北之一都会。

聊城现存文物古迹众多，其中有国家级重点文物保护单位光岳寺、山陕会馆以及海源阁藏书楼、范筑先将军纪念馆等。

光岳楼：近鲁光岳

光岳楼在聊城县故城中央，巍峨壮丽、气势非凡，为鲁西北一大名胜。

此楼始建于明洪武七年（1374），当时，东昌卫守御指挥佥事陈镛在重修聊城墙垣时，为了"严更漏，窥敌望远"，利用剩余的材料

聊城光岳楼

建造了这座楼,因而最初称其"余木楼"。明弘治九年(1496),考功员外郎李赞到聊城,感到此楼高壮极目,"取其近鲁有光于岱岳",与当时的东昌府太守商量,命名为光岳楼。

传说,当年光岳楼的建造,还与鲁班师傅有关。那年,陈镛为了瞭望敌远和设鼓报时,把许多能工巧匠召集起来,下令在城中心修建一座四重檐歇山十字脊楼阁,而且只准用修城墙、城楼时余下来的木料,不得花钱去买新的木材,期限一年。命令下达后,半年里工匠们束手无策。后来,自然是鲁班祖师爷显圣,一一指点迷津。楼落成后,大家为了纪念鲁班的功绩,特在一层半空中修了一个小型的鲁班祠,设鲁班像和"巧夺天工"木匾。今惟存木匾。

光岳楼由楼基和四层主楼组成。楼基系砖石砌成的方形高台,底边长35.16米,往上逐渐有收分,在基台四面各辟半圆拱门,台中心处是十字交叉拱。四门里面是宽阔的楼洞,供行人车马通行。主楼系木结构,外有围廊,歇山十字脊顶,四面斗拱飞檐。整座楼通高33米。楼存清康熙帝御笔"神光钟瑛"碑、乾隆帝诗刻、历次重修碑记和嵌壁石刻二十块。郭沫若新书"光岳楼"匾额悬于楼上,丰子恺撰书楹联"光前垂后劳动人民智慧无极;岳峻楼高强大祖国文物永昌"镶于二层柱上。光岳楼形式上承袭宋元楼阁遗制,同时和明初建筑也有若干相似之处,开"官式"建筑之始。它是由宋元向明清过渡的代表建筑,是我国现存的明代楼阁中最古、最高大的一处。它与有名的黄鹤楼、岳阳楼在规模、形制上都难分轩轾。雄伟巍峨的光岳楼吸引了无数游人前来观赏,清初诗人施闰章题诗曰:"危楼千载瞰沧溟,泰岱东来作翠屏。拂槛寒星晴历历,侵衣银汉书冷冷。地连朔雪孤城白,天入齐烟一带青。尊酒未酣人欲散,西风黄鹄度空冥。"

海源阁:书香可掬

海源阁位于万寿观街杨宅内,由清代著名藏书家杨以增于道光二十年(1840)创建。

海源阁与"铁琴铜剑楼"、"八千卷楼"、"皕宋楼"合称为清代四大藏书楼。它藏书二十多万卷,其中宋元珍本逾万卷,深为海内

聊城海源阁

聊城山陕会馆戏楼

外学者所仰慕，为中华文化的传承作出了不可磨灭的贡献。

山陕会馆：晋陕遗韵

山陕会馆位于聊城东关古运河西岸，坐西朝东，面河而立。它是由山西、陕西商人合建的一处神庙与会馆相结合的建筑群。清乾隆八年（1743）始建，其后逐年扩修，嘉庆年间方具现今规模。

由于当时会馆兼负神庙的功能，所以布局紧凑、装饰华丽，其石雕、木雕、砖雕和绘画对于研究我国的古代建筑史、商贸史、戏剧史、运河文化史以及清代资本主义萌芽因素的产生都具有参考价值。

山陕会馆为三进院落，由门楼、戏楼、正殿和春秋阁构成了建筑的中轴线。现存门楼、戏楼、钟鼓楼、左右夹楼、正殿、南北殿、南北看楼、碑亭和春秋阁等建筑百余间。门楼作四柱三间牌楼形式，用砖、石、木雕装饰，尤以砖雕见长。戏楼砖石砌筑基座，南、西、北三面凸出，梁架复杂，楼顶10个翼角巍然翘起，造型独特。楼内尚存民国年间地方传统剧目120余条和其他珍贵题记。正殿由南、北、中三殿组成，面宽九间。传统殿堂抬梁式结构，前后檐下桁、枋、柱和台阶等部位均精雕民间传说故事和禽兽花鸟文字图像。春秋阁三间两层，前廊檐下有富丽的木雕装饰。

在这处具有民族风格的建筑群里，还保留有历年重修大小碑刻19幢，石雕方形檐柱26根，浮雕、透雕的精密额坊21方，作为柱础的石雕狮子、大象、麒麟12座，照壁折壁人物、花草、山水等石刻12幅。主要建筑的柱础，也都刻有各种花、鸟、兽等装饰。另有木柱上刻的楹联2幅，石柱上刻的楹联10幅，正楷行书兼备，字迹浑厚大方，遒劲有力，向为书法家所称颂。因此，山陕会馆在建筑、雕刻、绘画、书法等方面都具有较高的艺术价值。

1988年，山陕会馆被国务院列为全国文物保护单位。

范筑先将军：精神不死

范筑先将军纪念馆在楼北街南首，是为纪念在抗日战争中壮烈殉国的范筑先将军而建立的。范将军时任山东省政府第六区专员，

范筑先将军

在以聊城为中心的鲁西北地区积极组织抗日武装,开展游击战争。1938年11月,在聊城保卫战中牺牲。

|马陵道|

[孙庞斗智马陵道]

据《史记·孙子吴起列传》载,前341年,魏国大将庞涓率军联赵攻韩,韩国向齐国求援。齐国派大将田忌、田婴和军师孙膑率兵直袭魏都大梁。庞涓不得不放弃攻韩,回军反击齐军。齐军有意麻痹魏军,不战而退。孙膑用减灶的办法,来造成兵士不断逃亡的假象。庞涓追了三天,看到齐军逐日减灶,以为齐人怯战,就撇开大部队,只带部分精兵昼夜追赶。天黑时,庞涓追到一个两边为高阜、中间为狭道的叫马陵的地方,看见一棵树上发白处隐隐有字迹,便命点火照看,原来上面写着"庞涓死此树下"。然而不等他读完树上的字,埋伏在两边高阜的齐军见到火光一亮,万箭齐发,魏兵大乱。庞涓自知大势已去,长叹一声道:"可恨让孙膑这小子成名了。"说完,自刎而亡。原来,孙膑算计到庞涓天晚时能追到马陵,便选弓

马陵道遗址

箭手一万名夹道埋伏,又把一棵大树削皮写上"庞涓死此树下"几个字,并规定见火为号,一齐发箭。于是大败魏军,俘虏太子申而归。

　　这个马陵道古战场的地址,古今有濮州鄄城、山东范县、河北永年、大名等几种说法,较多的人认为是在今山东莘县大张乡马陵道口村附近,它的位置与濮州鄄城、范县位置接近,村庄坐落在两道大堤之间,北堤只存残址,南堤至今完好。这里地势复杂,多为歧路,村内没有方向周正的房屋和正当的街道,人行其中,很容易迷失方向。元代范县县令孟之普《马陵道中》诗曰:"广衍东原境,势非峨眉巅。夹堤积冲撞,倾崩成大川。房屋多斜曲,歧路几回旋。奇哉孙子智,减灶擒庞涓。"还有一首古诗《马陵》亦云:"日暮貔貅空万灶,风高鹅鹳奋三齐。驱车问俗今朝过,辄慨当年喧鼓鼙。"

羽　山

[羽山殛鲧留古迹]

　　《山海经·海内经》载:"洪水滔天,鲧窃帝之息壤以堙洪水,不

第五编　鲁西之旅

待帝命,帝令祝融杀鲧于羽郊。"郭璞注:"羽山之郊。"这里的羽山,据说即临沭县与江苏省搭界的羽山,今山上还有"试剑石"、"殛鲧泉"等古迹。

这里流传的殛鲧的传说与《山海经》所载的有所不同相传,尧舜之时,洪水暴涨,泛滥成灾,尧委派鲧前去治水。鲧自称鱼族,熟悉水性。他受命之后,不加调查就武断地用堵的方法治水。鲧辛苦奔波了九年,洪水越堵越多,人们怨声载道。舜一怒之下,把鲧流放到羽山,鲧便选择东边一个山头住下。但后来舜又改变主意要治鲧的死罪,于是赐随从官"诛鲧剑"一把,命他前往羽山殛鲧。上古时,杀人要先祭凶器。监斩官上山来,见无东西可作祭物,就挥剑朝一块巨大的青石砍去。三道寒光闪过,石头齐崭崭地裂开三道大缝,这就是"试剑石"。监斩官又来到鲧的身边,挥剑"刷"的一下将鲧的头削了下来。鲧的血向上冒了1丈多高,又落下聚在一块大青石上。青石逐渐下隐,转眼间形成一个泉眼,接着冒出一股清水。这泉常年不枯,但有一股腥味,连牛羊也不喝。后人把此泉叫做"殛鲧泉"。

|梁山泊|

[《水浒》胜迹今安在]

施耐庵的名著《水浒》主要以北宋末年鲁西梁山泊一带晁盖、宋江领导的农民起义为素材,至今这里的山山水水还流传着不少与《水浒》情节有关的传说故事。

梁山水泊

《水浒》描写的宋江农民起义军的大本营梁山,传说就是现在梁山县城东南2.5公里的梁山。

梁山,原名寿良山,简称良山。据《史记》载,汉景帝的弟弟刘武封于梁(治所睢阳,今河南商丘),曾"北猎良山",死后也葬于良山,因改称梁山。又据史书记载,梁山周围原为水泊,称梁山

鲁智深拳打镇关西
（明崇祯刻本）

泺，系大野泽的一部分。《宋史·杨戬传》载："梁山泺，古巨野泽，绵亘数百里，济郓数州赖其捕鱼之利。"宋、元、明、清以来，黄河多次决口，河水夹带泥沙入湖，湖底逐渐因泥沙沉积而升高，"沧海"终于变成今日梁山周围的"桑田"。但梁山北去十多公里的东平湖，还可看出当年水泊的风貌。1958年，梁山西边十多里的鲁里乡贾庄曾发掘出一条7丈多长的木制兵船，船上铜锈铸有明朝"洪武五年造"的字样，可见直到明初梁山周围还是"深港水汊，芦苇草荡"。

梁山由虎头峰、雪山峰、郝山头、青龙山等四主峰和一些余脉组成。虎头峰是最高峰，四周危岩壁立，当年梁山寨和忠义堂就在这里。从山下有一条小路蜿蜒通向主峰，称为"宋江道"。走完宋江道有一个山口，叫黑风口，是一条狭窄的山梁，两侧峡谷峭深，有"一夫当关，万夫莫开"之势。相传黑旋风李逵当年就镇守在这里。黑风口风大且急，有"无风三尺浪，有风刮掉头"的说法。东北有当年梁山英雄的练武场和演马场。山脚下有一个村庄，十里杏林如绯云彩霞，是《水浒》所写的王林酒店所在地杏花村。当年朱贵在这里负责联络，有人投奔梁山或有其他消息便向黑风口发箭；而李逵也常到杏花村喝酒。

由黑风口向南，便是梁山寨所在的虎头峰。山寨遗址尚存，寨基用石块垒成。整个山寨面积约一、二十亩。中间是忠义堂遗址，现已在遗址上重建了忠义堂。堂前一块青石上有一个碗口大的石窝，相传是当年起义军树"替天行道"杏黄旗的旗杆窝。据说"替天行道"四个字是梁山神机军师朱武所书，他写这几个字还有一段故事呢。朱武从小聪明伶俐。他的启蒙先生对学生很严，学生背不来书，一次打手板、二次打腕板、三次绑在凳腿打，人们都叫他"板子先生"。朱武一挨了打，就白天黑夜苦苦地练，终于有了很大的长进。这一年，年关将近，老师要回家过年，一摸炕席底，银子不见了。朱武知道了，便回家跟爹娘要了几十两银子给老师，说："老师，这银子是我拿了，忘了跟您说，如今还给您！"老师一点银子比丢的还多10两，但来不及细想，就匆匆上路了。老师一走，朱武见学屋门上还没有对联，就想写上一副。他提起笔想到老师丢钱后的嚎啕大哭，想到小偷不偷富而偷穷，实在不仁不义，便写了这么一副对联："闲人免进贤人进；盗者莫来道者来"。横批："替天行道"。过了年，老师回来一见对联大吃一惊，问出是朱武写的，从此就刻意培养。后来，朱武成了梁山军师，并在山寨大旗上亲书"替天行道"四个大字。

黄泥岗

《水浒》第十六回叙述，奸臣太师蔡京生辰，他的门婿大名府留守梁中书派杨志带官军押金银珠宝（"生辰纲"）到东京上寿。他们一行经过黄泥岗，因天热口渴，便在岗上林中休息。这时，有七个贩枣子的客人也停下纳凉，并且买酒来喝。送生辰纲的官军本来心存警戒，可看见他们喝了酒没什么事，便不顾杨志的劝阻，纷纷买酒解暑。谁知酒里下了药，于是，"这十五个人头重脚轻，一个个面面厮觑，都软倒了。那七个客人将这十一担金珠宝贝都装在车子内，遮盖好了，叫声：'聒噪！'一直往黄泥岗下推了去"。原来，这七个客人和挑酒的汉子就是以后的梁山好汉晁盖、吴用、公孙胜、刘唐、三阮和白胜。

故事发生的黄泥岗，传说就是现在郓城县的黄堆集。黄堆集有一千户人家，至今村中还有一个大土岗，上有明代的一通石碑。碑文记载，宋徽宗崇宁间，环梁山八百里皆水，堆北距梁山60里许，为水浒南岸，古称黄泥岗，即此地。当时，晁盖和吴用知道这里是大名府通往东京的必经之道，便决定联络几位好汉在黄泥岗密林中夺取生辰纲。吴用首先找到的是阮小二三兄弟，这阮氏三雄住在石碣村。石碣村，据说即今梁山县银山乡的石庙村。这里东有东平湖，西有黄河，芦花绕村，垂柳夹岸，《水浒》中那个"青郁郁"、"绿依依"、"四边流水绕孤村"的石碣村景象仍依稀可见。现全村三百户人家大多姓阮。

景阳岗

《水浒》第二十三回叙述，武松不听"三碗不过岗"酒店主人的劝阻，连喝十五碗酒，只身上景阳岗。忽然，从一片乱树林里跳出一只吊睛白额的老虎。老虎先扑，后掀，再剪，武松都躲过；老虎又一扑，武松就势把老虎按住，"提起铁锤般大小拳头，尽平生之力，只顾打。打到五七十拳，那大虫眼里、口里、鼻子里、耳朵里，都迸出鲜血来。"又拿棒橛打了一回，终于把老虎打得"气都没了"。书中所写的景阳岗，相传就是今天阳谷县张秋镇西2里许的景阳岗村。

《阳谷县志》载："景阳岗在县城东四十里，沙丘起伏，莽草无涯，古木参天，人烟稀少，传为武松打虎处。"据说，这一带先前有九岭十八堌堆，因大清年间黄河决口，高地被冲平，荒丘野岭淤积成良田。现在的景阳岗一带，平畴沃野，村落点点。村中有山神庙遗址，庙门前有石碑，上刻"武松打虎处"五字，为明代遗物。村西沙丘也有石碑，上刻"景阳岗"三字，为当代书法家舒同所书。沙丘顶部有"武松祠"，内塑武松打虎场景。

民间传说，武松为打这只猛虎，还整整练了三年武。当年，景阳岗出了猛虎后，县太爷出告示，谁能除害就封谁为都头。武松听说一个叫瘸拐李的老先生很有功夫，就去拜师。一年后，武松想上景阳岗打虎，师傅让他再练一年。武松又苦练了一年，师傅笑笑说："好多啦，可是还不到家，你要打败对手，就要达到：人不知鬼不觉，行走如风不见风，大喊一声似炸雷！"说完又让他喝了三大口酒，服了两粒健骨长筋丹，要他再练一年。又过了一年，武松练起"醉八仙"，瘸拐李哈哈一笑说："出了打虎将了！"以后，武松上山除了虎，当上了阳谷县的都头。

翠屏山

《水浒》第四十六回叙述，杨雄妻子潘巧云勾搭报恩寺和尚裴如海，被石秀觉察。石秀智杀裴如海，告知杨雄。杨雄便借口去岳庙还愿，带潘巧云上了翠屏山。在山上，杨雄与石秀审问出潘巧云与裴如海勾搭的细节，一刀结果了她。关于翠屏山所在有多种说法，一说为现在平阴县玫瑰乡的翠屏山。这里的翠屏山满山怪石嶙峋，古柏槎枒，紫霭缭绕，佛寺道观栉比鳞次，遍山还点缀着五颜六色的玫瑰花，有"物外仙乡"的美称。古人描写翠屏山诗曰："巉岩碧树耸飞环，翠色凝眸未可攀。啼鸟野花无限趣，几回人在图画间。""齐鲁胜地遍览游，翠屏山上景最幽。万树苍松依石壁，一溪流水傍山头。云移宝塔烟霞动，雨过翠峰爽气浮。漫道蓬莱多胜概，由来此地是瀛洲。"

当地也流传着类似杨雄杀妻一类的故事，但情节大不相同。相传，北宋年间，翠屏山麓玉带河畔住着潘、杨两家农民，两家同年同日各生一个婴儿。潘家是女，取名巧儿；杨家是男，取名大牛。两家为两个孩子订了娃娃亲。巧儿、大牛长大后，家境贫寒，难成婚配，大牛到县衙当差，巧儿在家细心照顾两家老人。这年立夏一过，巧儿又上山采花，有一个叫海能的和尚会法术，使巧儿神魂迷离，乖乖地听从摆布，就这样巧儿被他奸污了。大牛听说后，怒火中烧，邀集几位农民兄弟大闹翠屏山，连杀海能等几个和尚。他们杀红了眼，不问青红皂白，连巧儿也给杀了，然后投奔梁山。相传，潘巧儿被杀死后，这里白衣阁的菩萨见她死得屈，把她点化成仙，但她舍不得离开两家老人，一直站在翠屏山头，向玉带河眺望。这就是山上的"巧女石"。据说，每当玫瑰花开的季节，同浸润泉相隔一座尼姑庵的巧女石，影儿常常倒映在浸润泉的泉池里。人们说，《水浒》里杨雄杀妻那一段，就是根据这故事改编的。

祝家庄

《水浒》第四十七、四十八、五十回叙述宋江三打祝家庄的故事。书中描写道："好个祝家，尽是盘陀路。容易入得来，只是出不去。"人们从村里走，"有白杨树的转弯，便是活路，没那树时，都是死路，如有别的树木转弯，也不是活路。若还走差了，左来右去，只走不出去。更兼死路里地下埋藏着竹签铁蒺藜，若是走差了，踏着飞签，准定吃捉"。宋江前两次攻打，因不熟悉盘陀路，都失败了。第三次派孙立等人打入对方内部，才里应外合攻下祝家庄。书中所描写的祝家庄，相传就是现在阳谷县李台乡的朱口。如今的朱口村里，路网四四方方，路两旁全是坚固的土堰围墙，而且一环接一环，错综复杂，稍不留意就会迷路，颇有当年盘陀路的风貌。村里人大部分姓朱，有两种说法，一说从祝姓改，一说为朱元璋后代。

当地流传着与《水浒》情节不同的三打祝家庄的传说。相传，梁山西北有个庄子叫祝家庄，庄主祝朝奉很有心计。手下四个儿子祝龙、祝虎、祝彪、祝凤，个个如龙似虎。师爷宛金堂，本领高强，十八般兵器件件精通，还能昼夜不合眼，却从来不疲倦。庄里佛塔还有一只金鸡，也昼夜睁着眼，只要何处有兵马出动，它就大声鸣叫，让庄里人早作准备。祝朝奉仗着庄子坚固，人强马壮，一心一意跟梁山作对。梁山好汉两打祝家庄，都没攻破庄子枣寨，被庄丁用乱箭、土炮打回。军师吴用想出一条妙计，派燕青装扮成卖针线的小贩混进祝家庄去探听情况。这燕青能说会道，口甜心活，进得庄来没半天就同庄里的大姑娘、小媳妇混熟了。这天燕青又来庄上街头叫卖，看见一个大娘拎着篮子，他忙接过，把大娘送到家里。这大娘姓甘，孤身一人，燕青灵机一动，认了干娘，搬到庄上和甘大娘一起过。一天晚上，燕青随口说："咱们祝家庄真是针插不进，水泼不入，连梁山那样的好汉也打不下，真是神灵保佑哇！"甘大娘抿嘴儿一乐，笑道："要说神，那金鸡才神，要说不神，祝家庄层层围护，也不是破不了。就说那最难打的枣寨吧，我看只要在那地上种些眉虫，一春一秋，到十二月干得点火就着，不就把那枣寨烧了吗？"几句话说得燕青心里直发痒，又问："干娘说那金鸡神，可怎么个神法呢？"甘大娘低声说："这可不能往外乱说。儿啊，我告诉你吧，那神鸡是从天上飞来的，三年打一盹，一盹只一眨眼功夫。你来庄上正是它打过盹后的第一年，还要在后年腊月十五夜里子时才打盹。"燕青心中暗喜，又想法套宛金堂。他知道宛金堂贪杯，就打定主意请宛金堂喝酒。那宛金堂虽也算条好汉，酒量上不却行，燕青趁他喝得八成醉，就又说："听说您老从早到晚不闭眼不睡觉，真够神了。"宛金堂听罢哈哈大笑，就讲出了昼夜不合眼的秘密。原来他睡时也睁着眼，外人不知，以为他醒着，于是越传越神。燕青几瓶美酒，就把宛金堂的底细全掏出来了。加上这些日子他借卖货东走西窜，把庄里七十二条胡同也弄得一清二楚，第二天便借口办货出了祝家庄，拐到梁山禀报去了。燕青把祝家庄的老底儿向宋江汇报后，第二年春天，宋江带兵三打祝家庄，果然大获全胜。